在長大路上 真正理解 自己與他人

第 1 集

學習自我情緒覺察

——可以不跟別人一樣嗎？

齊藤徹 監修　何姵儀 譯

前言

人的煩惱源自於「人際關係」。

讓我們試著想像一下只有自己一個人居住的地球。沒有人蓋房子，沒有人做衣服；沒有人煮飯，也沒有人送餐。這樣的話，我們這條命還能維持多久呢？人是無法單獨完成任何事情的生物，所以才會被稱為「社會性動物」。既然人與人之間的聯繫是生存所必須的，我們當然會想要追求「人際關係」，同時也會因為「人際關係」而煩惱。

這本書可以讓大家學到「建立良好人際關係的技巧」。

這本書想要告訴大家的是「人與人連結」的技術，算是一種「生存的技巧」。想要闡述的不是「朋友越多越好」這類道德概念，而是在這個社會中如何做自己、過得幸福的人際關係智慧，並且透過穿插的具體場景，有系統地將其整理成「溝通技巧」。

這是為青春世代所寫的書。也是適合每個「大人」的溝通指南。

當你遇到困難時，希望這本書能溫柔地陪伴在你身邊。

市面上不乏為在職場奮鬥的大人量身打造的溝通書籍，但專為剛踏入社會、年紀不過十幾歲，卻懷著許多煩惱生活的青春世代的溝通書籍並不多見。而這套書，正是為了貼近「小學高年級、國中生到高中生」的生活需求而設計的。這本書的內容可以伴隨我們成長，一直到成為大人，依舊受用。

就算長大成人，不，應該說直到人生終點，人際關係所帶來的煩惱恐怕是永無止境。正因如此，我們希望能製作一本即使你已成為大人，也能在感到困惑或遇到困難時，立即派上用場的終生讀物。製作團隊全體成員都懷抱著這份初衷來製作，並期許這本書能如同一位貼心的朋友，在你人生的每個階段，給予力量與啟發。

齊藤徹

目錄

在長大路上，真正理解自己與他人

CHAPTER 1

第 1 章　了解自己的感受　07

第 1 集　學習自我情緒覺察——可以不跟別人一樣嗎？

- 1-1　為什麼會變成這樣呢？
  令人煩惱的人際關係　09
- 1-2　朋友多一點比較好嗎？
  比「和睦相處」更重要的事　15
- 1-3　紛紛擾擾的情緒，交錯複雜的感受
  面對自己情感的方法　21
- 1-4　不喜歡自己嗎？好好認識自己吧
  如何與自卑感相處　29
- 1-5　害怕展露真正的自己
  勇於展現自我　35
- 1-6　你是哪種類型的人？
  自我主導型與順應環境型　41
- 告訴我！煩惱諮詢 #1　47
- 大人也不知道!? 重要的事情 #1　48

04

CHAPTER **2**

第 2 章
49
面對他人

2-1	為什麼他都不懂呢？ 把自己與他人分開思考	51
2-2	人生的主角只有你嗎 想像他人	57
2-3	如果是朋友，就能互相了解彼此嗎？ 關於人與人之間的距離感	63
2-4	如何與不合的朋友相處？ 設身處地為對方著想	69
2-5	大人為什麼不懂！ 與父母的相處方式	75
2-6	與對方意見不合時該怎麼辦？ 尋求的距離感差異	81

告訴我！煩惱諮詢 #2 ……87
大人也不知道!? 重要的事情 #2 ……88
索引 ……90

登場人物介紹

山岸卓
悠太的好友，田徑社。學業優秀還是社團的主力成員。有一點自私任性。

久保果步
涼子的好友，同班同學。了解涼子的弱點，還會提供幫助。

河野涼子
國中二年級，管樂社成員。認真有責任感，不擅長表達自己，也不善於依賴他人，但很會體諒別人，是大家心目中的「好人」。

三浦治
班長，隸屬美術社。喜歡畫畫，將來想當漫畫家或插畫家。

吉田彩乃
班上的女生領袖，所有人都敬佩她。性格堅強，聲音洪亮，相當引人注目。

村木悠太
國中二年級，田徑社成員。性格開朗，待人親切，但有時也會和朋友意見不合。學業和運動都表現平平，偶爾還會因為與他人比較而沮喪。

石倉葵
第二學期轉來的轉學生。性格內向文靜，已經慢慢地和同學打成一片。

鄉野孝志
個性直率，對於無法理解的事情會堅持己見。說話口氣較衝，容易與人發生衝突。

戶倉和司
國中一年級時被班上同學排擠，無法再去上學。現在就讀於體制外學校。

野口真太郎
總是笑容滿面，不管男女都處得來。不會發脾氣，以療癒系角色受到喜愛。

遠藤真由美
學校輔導員。在輔導處內傾聽學生的煩惱，並給予建議，深得學生的信賴。

CHAPTER

1

第1章

了解自己的感受

你有煩惱嗎?
「朋友很少」、「有合不來的人」、「無法喜歡自己」、「害怕展現真正的自己」……擁有這種煩惱的人應該很多吧。想要解決人際關係的煩惱,那就要了解如何面對自己的情緒,以及與他人的溝通方式。

> 我們對他人所感受到的所有煩躁與不快，
> 有時候能幫助我們理解自己。

卡爾・古斯塔夫・榮格（Carl Gustav Jung，心理學家、精神病學家）

1-1 為什麼會變成這樣呢？

令人煩惱的人際關係

明天已經是星期六了……

我怎麼會答應呢？

聽我說

這個星期六大家要一起出去玩，河野妳也一起吧！

喔，嗯。好啊。

真的嗎？太好了！

吉田個性有點強勢，所以我不太會應對……

乾脆今天請假好了……這樣明天就能……

涼子～要遲到了喔～

但也還不至於要請假啦。

你有人際關係上的煩惱嗎？人是無法獨自生活的。
既然活著，那就無法避免與人往來，所以還是要好好相處喔！

1-1 為什麼會變成這樣呢？

許多人的煩惱都是「人際關係」造成的

「雖然我們是死黨，但是她的個性很倔強，跟她在一起很累」、「昨天我和那個小子吵了一架，現在氣氛有點尷尬」你是否曾經為這種事情煩惱過呢？

這樣的煩惱不管是誰都會有。所以不是只有你。奧地利著名心理學家阿德勒也曾說過：「所有煩惱的根源都在於人際關係」。

人際關係的煩惱，就算長大也不會消失的。

「公司主管很可怕，難以接近」、「晚輩工作提不起勁，真的很頭疼」、「孩子正處於叛逆期，真的是讓人心煩」等等，無論是你的父母、老師，還是周遭的大人，甚至是位高權重的人，或多或少都會因為人際關係而煩惱。

在團體中感到不自在……

總是一起行動的五人好友中的A，最近跟這個小圈圈裡的領導人物有些不合。因為怕說出反對那個人的意見會被排擠，所以一直悶在心裡頭，卻又因無法表達自己的真心話而感到不自在。

讓人苦惱的人際關係可能無法完全消除。若是不想讓煩惱增加，那就要好好學習及掌握與人溝通時的基本思考方式和行為舉止。而在這本書中，我們將以淺顯易懂的方式，將這些重要的訊息告訴大家。

第1章 了解自己的感受

無論小孩或大人，都為了「人際關係」在煩惱！

老師對我特別嚴格……

正在上舞蹈課的 B 因為不太會有節奏地踏步，所以經常被老師斥責。明明其他人也跳得不好，但老師為什麼只會對我這麼兇？這讓我感到很不舒服。

被硬拉去玩……

班上有位同學相當強勢，老是為了湊人數而在休息時間拉 C 去踢足球。要是拒絕，感覺和那位同學的關係就會變差，只好勉強陪他踢足球。

孩子們不聽話……

E 是三個男孩的媽媽。最近念國中的老二開始拒絕去補習班。「你給我乖乖地去上課！」罵是罵了，但老二也火大了，不聽勸告，讓我感到很頭疼。

就算被上司指責也無話可說……

D 是國中導師，班上學生缺乏凝聚力，因此他被學年主任嚴厲指責。雖然自認已經很努力了，卻無法開口請教該如何改進。

對於兒童教育也投注不少心力的阿德勒

第一次世界大戰後，心理學家阿德勒（Alfred Adler，1870-1937）於奧地利的維也納成立了第一家兒童諮詢所。重視為了克服困難而給予「鼓勵」，以及在班上或團體中不求競爭，但強調人際關係合作的「共同體意識」想法，現在依舊受到許多人的支持。

這樣的煩惱也是人際關係造成的？

根據日本厚生勞動省進行的全國家庭兒童調查（2014年度）顯示，最讓青少年煩惱的問題是「自我學習及未來方向」。接下來常見的煩惱依序為「自己的長相和身材」、「自己的性格和習慣」，以及「學校生活」和「自己的朋友」。

與朋友有關的煩惱正是人際關係所導致的問題，而長相、身材及性格的煩惱，也大多是因為人際關係造成的。

就是因為老是和他人比較，或是太過在意別人的看法，才會沮喪地認為「自己沒有那個人可愛」，甚至失去自信，覺得自己「性格

現在擁有的不安與煩惱

根據日本厚生勞動省針對中學生進行的全國家庭兒童調查（2014 年度）製作。

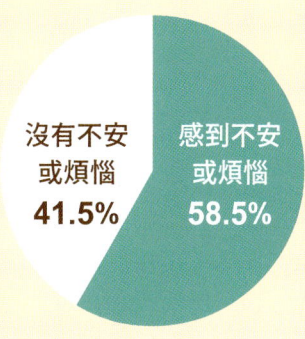

沒有不安或煩惱 41.5%
感到不安或煩惱 58.5%

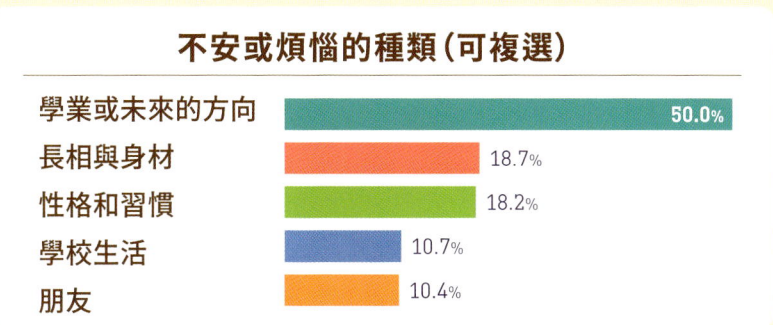

不安或煩惱的種類（可複選）

- 學業或未來的方向　50.0%
- 長相與身材　18.7%
- 性格和習慣　18.2%
- 學校生活　10.7%
- 朋友　10.4%

倘若你是一個人獨自在無人島上生活，那麼這些煩惱應該就會消失（至於最令人苦惱的「自我學習及未來方向」，如果是因為與朋友比較自己的學力而產生的話，那麼也可以算是人際關係的煩惱）。

小時候我們可能不太會在意別人的目光，也不管別人是怎麼看待自己。

但是進入青少年這個時期之後，若是開始在意這些事情，那麼就代表你已經開始慢慢長大成人了。

為了不讓自己被人際關係的煩惱壓垮，就讓我們好好學習如何正確地與自己相處，以及如何與他人溝通吧。

1-1 為什麼會變成這樣呢？

這樣的不安和煩惱……

我的運動神經很差，上體育課的時候老是會感到很鬱悶……

我的個性很內向，要和大家一起吵吵鬧鬧真的很難……

父母希望我去念和哥哥一樣的明星學校，但是我的成績沒有那麼好……

我以為自己和〇〇很要好，但是他最近卻一直在躲我，到底為什麼？

 總結

- 我們的煩惱大多來自人際關係。
- 了解如何與自己相處，以及溝通的訣竅。

14

1-2 朋友多一點比較好嗎？

比「和睦相處」更重要的事

糟糕，我忘記寫作業了。

都已經要上第二堂了耶。哈哈

2-3

哈哈哈！

班上最要好的果步今天感冒請假。

休息時間只有我一個人……

大家好像聊得很開心。

我的朋友好少喔……

大家是不是覺得我很可憐呀？

裝睡好了

> 提到人際關係，最先想到的應該是「朋友之間的關係」。
> 和志同道合的朋友在一起固然開心，但是我們要如何與合不來的人相處呢？

朋友多一點比較好嗎？

你覺得「朋友多一點比較好」，還是「有一個可以無話不說的摯友比較好」？可能因為我們從小就被教導朋友的重要性，所以才會覺得「一定要多交幾個朋友才行」。但能不能交到意氣相投的朋友通常要看運氣。如果你能遇到讓你覺得「和這個人在一起很開心」或「不管什麼事都可以和他聊聊」的朋友，就代表你是一個非常幸運的人。但是身旁有這樣的朋友並非理所當然的事。

交朋友只不過是日常生活累積的結果，因此我們不需要以交朋友為目標，也不必勉強自己去結交很多朋友。

NHK的調查（2022年度）顯示，「可以聊天、一起玩的朋友」這個問題回答「沒有」或「1～3人」的比例，國中生有19%，高中生有17.1%；而「可以討論霸凌等嚴重煩惱的朋友」這個問題回答「沒有」的比例，國中生為20.6%，高中生則為16.9%。從這些數據可以看出「朋友很少」或「沒有對象可以傾訴煩惱」的人意外地多。如果你因為朋友太少而煩惱的話，最好先明白，這不是你一個人才有的問題。

如果你煩惱的不是這些，那麼，放下「擁有知己、和許多朋友交流互動的人才是健康的」，這種來自周圍的刻板觀念或自己的主觀認知也是一種方法。「我的朋友雖然不多，和其他人也頂多偶爾聊個天，但這樣很自在」、「雖然沒有可以經常在一起玩的人，但一個人看漫畫也很開心」這樣的人，身心其實是健康的。一個人的價值不會因為朋友的多寡或是否有好友而改變。與其追求

將煩惱告訴少數幾個朋友

右頁介紹的NHK「國中生・高中生的生活與意識調查2022」，公布了國中生和高中生對於朋友的調查結果。不論是小小的煩惱還是嚴重的煩惱，會選擇向兩三個人傾訴的人最多。

你有幾個這樣的朋友呢？

圖例：沒有　1個　2~3個　4~9個　超過10個　沒有回答

一起聊天和玩耍的朋友

	沒有	1個	2~3個	4~9個	超過10個	沒有回答
國中生	1.7%	2.7%	14.6%	29.2%	51.3%	0.5%
高中生	1.6%	2.2%	13.3%	40.8%	41.7%	0.4%

可以商量小小煩惱的朋友

	沒有	1個	2~3個	4~9個	超過10個	沒有回答
國中生	9.9%	7.6%	41.3%	26.5%	13.9%	0.8%
高中生	7.0%	5.9%	41.9%	29.9%	14.9%	0.4%

可以商量霸凌等深刻煩惱的朋友

	沒有	1個	2~3個	4~9個	超過10個	沒有回答
國中生	20.6%	16.8%	37.9%	14.3%	9.2%	1.2%
高中生	16.9%	10.4%	46.2%	19.1%	6.3%	1.1%

出處：NHK 國中生・高中生生活與意識調查 2022
https://www.nhk.or.jp/bunken/research/yoron/pdf/20221216_1.pdf

如何與不合的人相處

「和每個人都相處融洽」，不如把重點放在「自己能輕鬆愉快地生活」，或許會更好。

班上是否有讓你老是覺得「自己沒有辦法喜歡他」的同學呢？學校只是一個將年齡相同的人聚集在一起的場所而已。當30或40個人聚在一起時，有合不來的人是很正常的。

對於這樣的人，我們可以採取「不需刻意套交情，但也不要刻意迴避或排斥」的態度來相處。

1—2 朋友多一點比較好嗎？

A的朋友 2個

我有兩位志趣相投的同學，我們都喜歡動漫，而且聊得非常投機。休息時間和放學後總是會黏在一起。我們三個人都很喜歡動漫，所以話題永遠聊不完。雖然與班上其他同學互動不多，但並不代表我們與大家關係不好。

在班上有沒有朋友？

B的朋友 5個

我們五個死黨組成了一個小圈圈。不管是休息時間、午餐時間，還是回家，都會黏在一起。B在這個小圈圈裡雖然非常健談，卻不太與這個圈圈以外的人交談，所以獨處的時候往往會感到非常寂寞。

C的朋友 0個

C在班上幾乎沒有要好的朋友，總是獨來獨往。同學們似乎也認同「C的性格就是那樣」。有時候會感到「寂寞」的C因為在社團裡（程式設計社）有談得來的朋友，所以學校生活還算開心。

試著回想看看，

D的朋友 1個

在班上並不顯眼的D只有一個朋友，但在線上遊戲中認識並成為朋友的人卻超過50個。現實生活中雖然幾乎沒有見過面，但在網路上卻能一起享受玩遊戲的樂趣，有時也會互相傾訴煩惱。

1-2 朋友多一點比較好嗎？

應對。對方如果向我們打招呼，那就好好回應；在活動中同組，那就好好交談。即使與自己合不來，也不要說出「討厭」，更不要無視對方的存在，因為這樣的攻擊性言行不僅會傷害對方，也會讓周圍的人感到緊張。

在團體中如果形成「可以攻擊不喜歡的人」的氣氛，大家就會陷入「可能下次會輪到自己被攻擊」的不安之中。不攻擊他人的原則，對於保護自己免受威脅也是很重要的。

與不合的人相處的方法

試著打個招呼吧
「早安」和「再見」等基本問候盡量做到，因為問候能使人際關係更加順暢。

勿說傷人的話語
覺得「合不來」是沒辦法的事。但絕不可以動用暴力，或說出傷害他人的攻擊性言論。

不要跟著說壞話
即使朋友跟你說「那傢伙真煩」也不要附和。多人排擠某人，就是霸凌開端。

保持適當的距離
對於合不來的人就適當保持距離，沒有必要勉強自己去親近對方。

遇到困難就伸出援手
如果不合的人遇到困難，就伸出援手幫他一把吧。「因為合不來所以我不幫」是一種心胸狹窄的想法。

- 朋友不在於多，而在於精。以不勉強自己，過得開心為主。
- 遇到不合的人也不要攻擊對方，保持距離就好

1-3 紛紛擾擾的情緒，交錯複雜的感受
面對自己情感的方法

笑著、氣著、哭著……人類的感情非常豐富。不過當中最棘手的情緒是「憤怒」。就讓我們好好思考一下，應如何面對自己的情感吧。

1-3 紛紛擾擾的情緒，交錯複雜的感受

千變萬化！

人有各種情感

「快樂」、「開心」、「憤怒」、「寂寞」、「不安」……等，這些都是我們心中懷抱的各種情緒。我們總是希望能夠一直保持著「開心」、「快樂」等正面的情緒，但是當遇到不愉快的事情，或是面臨不擅長的挑戰時，心中難免會產生負面的情緒，這是人的本性。這個時候不需要勉強自己表現得神采奕奕，**要先察覺到自己的情緒，像是「現在的我非常不安」，或者是「我很緊張」，這點很重要。**

如果情況讓人感到不舒服，我們也可以對自己說「沒事的，一定會順利的」，或者是轉移注意力，想些別的事情，找個人聊聊也可以。心情該如何應對才能讓思緒平靜下來，每個人都有自己的一套方法，所以這個問題是沒有標準答案的。而學會用自己的方式處理負面情緒，也是邁向成長的重要準備。

怨恨

愉快

不安

22

第1章 了解自己的感受

人擁有豐富的情緒，

情緒有很多種類型。我們有時會同時湧現兩種以上的情感，
甚至連自己也搞不清楚，現在究竟是什麼樣的心情。

「憤怒」雖然麻煩，卻是重要的情緒之一

在各種情緒當中，「煩躁」和「憤怒」這類的情感格外令人頭疼。

因為隨便發怒不僅會影響到與朋友之間的關係，自己也會因此不開心。

最喜歡的藝人被批評

既然如此，我們應該如何處理這種「憤怒」的情緒呢？

首先要知道的是，憤怒絕對不是壞情緒。

憤怒能告訴我們自己重視的事物是什麼。例如當有人想要打你時，你會生氣地說「不要這樣！」這是為了保護重要的自己免受暴力侵害，而表達的情緒。

另外，當有人在背後說你朋友壞話時會生氣，是因為那位朋友在你心中地位不輕。對於不好好打掃的同學感到不滿，是因為你認為「遵守規則」很重要。

可見憤怒是一種當你珍惜的事物面臨傷害時，就會在心中油然生起的重要情緒。

我因為這種事情而生氣了

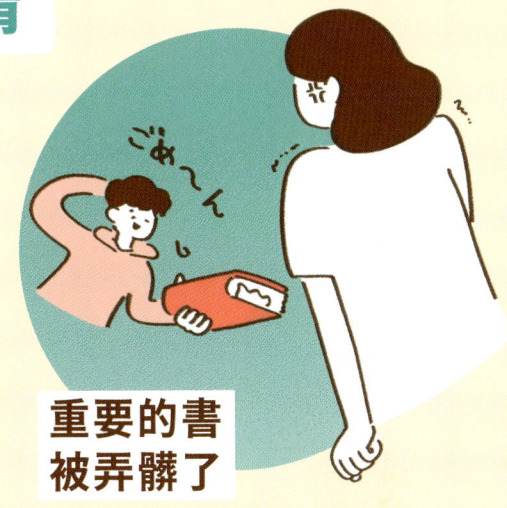

重要的書被弄髒了

兒子差點遇到危險

當自己重視的事物面臨被踐踏的局面時，人就會湧現憤怒的情緒。有時我們心中會產生共鳴，覺得「在這種情況下生氣是正常的」，但有時又會無法理解，覺得對方「沒必要為這種事生氣吧」。
這是因為每個人重視的點不同，所產生的差異。

有人嘲笑我尊敬的人

打扮被人嘲笑

尋找憤怒的原因，以妥善的方式表達

前面提到「憤怒」是重要的情緒，但不能老是把氣出在旁人身上。既然如此，那要怎麼做才好呢？

當憤怒或煩躁的情緒湧上心頭時，先不要直接爆發，要冷靜思考「憤怒」的原因。

舉例來說，假設你和朋友約好一起去看電影，但是對方卻大遲到，此時的你，已經怒火沖天。直接破口大罵「你遲到這麼久才來，我不會原諒你這個笨蛋的！」這種激動的表達方式並不是很好。

生氣的時候，我們可以試著思考一下讓自己如此「憤怒」的理由。

照理說，在等待的過程中，自己一個人在陌生的地方通常會感到「不安」，不然就是自己沒有受到重視而感到「失望」。

就心理學的專業角度來看，「不安」、「寂寞」、「失望」等情緒通常會先出現，而「憤怒」則是隨後產生的情緒（次級情緒）。

也就是說，當你生氣時，內心深處通常會隱藏著真正的情緒。

如果能深入理解這些感受，就能控制自己的怒火。

如果你能冷靜地告訴朋友「你沒來我有點擔心」或「被你放鴿子我很難過」等生氣之前的情緒，朋友應該會對你說「對不起，讓你擔心了」或「抱歉，放你鴿子」。

憤怒中隱藏著什麼樣的感情？

孩子很晚回家讓我「生氣」
→ 也沒有先說一聲，會「擔心」的

朋友遲到讓我「生氣」
→ 一個人等會很「不安」

頭髮亂翹沒人跟自己說的「生氣」
→ 因為被笑會很「丟臉」

向對方傾訴煩惱卻被漠視的「生氣」
→ 覺得自己不受重視的「傷心」

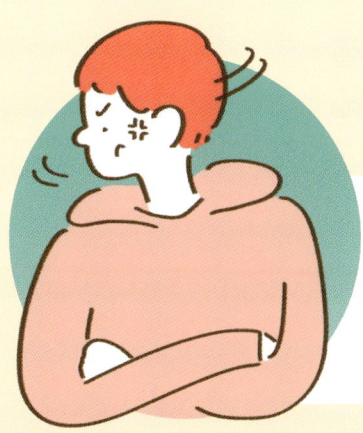

  總結

- 我們有各種情感，所以察覺自己的感受是很重要的。
- 與其發洩怒氣，不如表達發飆前的感受。

1-4 不喜歡自己嗎？好好認識自己吧
如何與自卑感相處

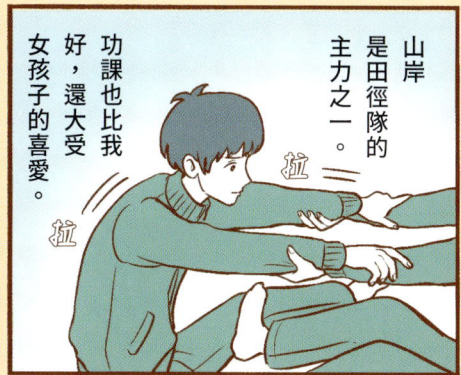

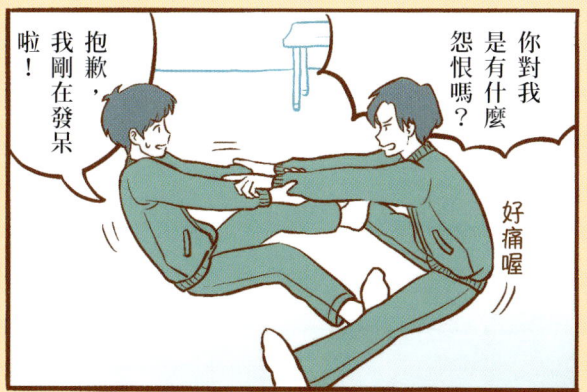

青春期階段時常聽到有人說討厭自己，但我們還是要盡量好好愛自己。接下來，就讓我們一起來學習要用什麼樣的思考方式，才能達成這個目標。

討厭自己的人有什麼特徵

喜歡自己最重要的一點，就是不要與他人比較

你喜歡自己嗎？日本內閣府（相當於台灣的行政院）在2019年度有份調查顯示，13

與他人相比，覺得自己不行

青春期這個階段常有的想法，也就是過度與他人比較，結果只注意到自己不好的一面。

對於過去的失敗悔恨不已

有過失敗的經驗，會讓人失去自信，有些人也非常容易變成完美主義者，無法接受「稍微失敗也沒關係」的想法。

負面看待事物

對自己缺乏自信，所以在做任何事情的時候，總是覺得「反正我做什麼都不會成功」而動不動就放棄。這樣到頭來反而會討厭如此沒有用的自己。

「我喜歡現在的自己」

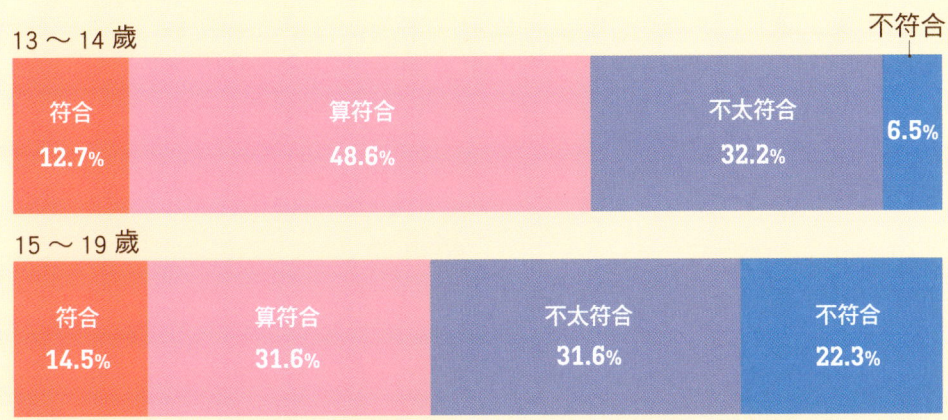

來源：內閣府／兒童及青少年意識調查（2019年度）

至14歲的青少年當中，說不出「喜歡現在的自己」的人佔了38.7％，而15至19歲的人更是高達53.9％。比例真的很高，是吧？13歲到19歲這個階段正值青春期，是從孩童成長為大人的年齡階段。

小時候的我們或許不常和他人比較，但會隨著成長，開始透過與周圍的人比較的方式，來了解「自己是個什麼樣的人」。

當看到比自己會念書、會運動、外表更出色的人時，內心總是羨慕不已、自嘆不如，因而厭惡自己的人似乎不少。

但是大家不要忘記，每個人都有自己的個性和魅力。

即使你覺得「那個人真不錯」，說不定也有其他人因為看到你的優點，而產生同樣的想法，我們總是會不小心忽略自己的魅力。

喜歡自己的人有什麼特徵

按自己的步調生活，不與他人比較

不與他人比較，抱持著「我是我」、「別人是別人」的想法，並且按照自己的步調生活的人通常不太會討厭自己。

正面看待事物

即使失敗，如果能安慰自己「總會有辦法的」、「下次小心點」，就不會過於苛責，進而繼續保持對自己的喜愛。

珍惜自己

重視自己的感受和想做的事。只要不太在意別人怎麼看自己，就能夠自由地展現自我。

所以不要用成績、運動能力、外貌這些容易比較的標準來衡量自己。

我就是我，要給現在的自己打100分，並且以此為基礎，讓明天的自己表現更加耀眼。如果能帶著這樣的想法度過每一天，或許就會慢慢地開始喜歡上自己。

自卑感是讓你自我突破與成長的大好機會

有些人會因為自卑感而變得消極沮喪，**但是自卑有時反而可以成為促使自己成長的強大動力。**

舉例來說，如果我們覺得自己的足球技術老是矮人一截，不妨分析自己的不足之處，看是要多加練習控球，還是做些跑步訓練。踢球的技術或許無法變得非常厲害，但是只要努力，就能感受到自己比過去有所成長。

而這段經歷，也會讓人生更加豐富，更能體會到「努力過程」所帶來的重大意義。

另外，**把自己認為「不好」的地方用正面的話語來重新詮釋，也是個不錯的方法。**這叫做「重新框架」。

例如，把「靜不下來」這個缺點轉換成「活潑開朗」這個優點。我們在34頁中也舉出了一些「重新框架」的範例，大家可以參考看看。

與其對自己的自卑感和缺點感到沮喪，不如轉變態度，將其當作積極採取行動的動力。

另一方面，對於不知道該如何與其相處的對象，也可以試著用「重新框架」的方式來看待，這樣說不定會成為改變觀念與修復關係的契機。

例如這樣的重新框架！

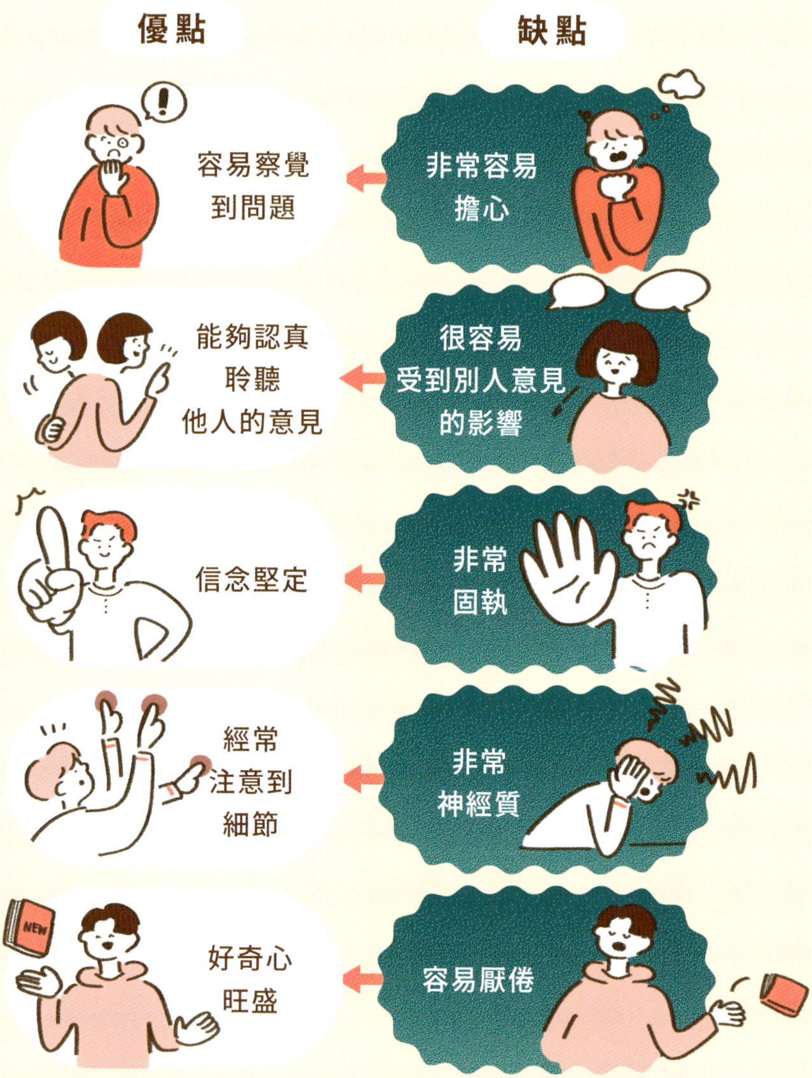

優點	缺點
容易察覺到問題	← 非常容易擔心
能夠認真聆聽他人的意見	← 很容易受到別人意見的影響
信念堅定	← 非常固執
經常注意到細節	← 非常神經質
好奇心旺盛	← 容易厭倦

總結

- 你有獨一無二、沒人能取代的個性和魅力。
- 不要和他人比較，要認同自己，喜歡自己。
- 自卑感會成為你成長的助力。

第1章 了解自己的感受

1-5 害怕展露真正的自己

勇於展現自我

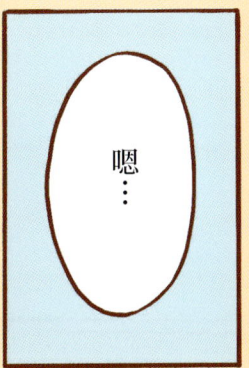

（格1）
A：我就說嘛，籃球社的高畑學長超帥的，是吧？♡
B：我懂～現在的當紅人物！
C：我喜歡棒球社的青木學長。
B：哇
A：哇
C：感覺很酷，對吧！
B：對啊～

（格2）
河野：我不太會聊這一類話題。因為對學長不太感興趣……

（格3）
A：河野，你喜歡哪個學長呢？
B：對耶，從來沒聽妳提過。

（格4）
河野：大家都在看我。要是說沒有興趣，可能會被認為是冷漠的人。

（格5）
河野：我應該也是喜歡高畑學長吧。因為他最受歡迎呀。

（格6）
嗯…

身處於比較重視團體而非個人的社會中，人們往往難以表達自己的內心世界。但是一直隱藏真實的自己，對於未來會有什麼影響呢？

1-5 害怕展露真正的自己

無法說出自己的意見嗎?

你會說出「關於自己的事情（例如，喜歡的事物或煩惱等）」或者是「自己真實的意見」嗎?

是不是有很多人明明有話想說，但卻忍住不說呢?或者明明心裡不是這麼想，卻為了附和大家而妥協呢?

例如，當有人在談論他們喜歡的藝人時，明明自己不感興趣，卻必須附和大家，說「我也喜歡喔」。

> 你說過你喜歡某某對吧?

> 那下次我們三個人一起去看演唱會吧。

> 嗯，好。

許多人無法好好表達自己的感受或意見

總是迎合別人，無法表達心中感受……

其實我不想去……

如果是自己也感興趣的事情，認同他人的嗜好確實是件好事，但如果把時間花在自己不感興趣的事情上，只會讓人感到非常疲憊。

一個人對抗所有人並不容易

情人節我們要不要送給社團的所有男生巧克力？

好～

贊成！

收到。

即使是大人，也難以單獨對所有人都贊成的事情表示反對，因為我們會擔心自己會被大家視為是「破壞氣氛的人」或「不懂得察言觀色的人」。

當然，為了避免不必要的衝突和對立而採取這樣的行動，並不是壞事。

但如果老是在意自己「要跟大家一樣」或「不想與周圍的人格格不入」的話，最後會連本身的喜好都變得模稜兩可。

把真正的自己封閉在心中，日子就不會快樂。

而且當我們長大成人，很多事都要自己做決定時，要是不知道自己想做什麼，那麼內心就會變得非常痛苦。

說出自己的感受和意見需要勇氣。但是與人溝通的起點，卻是從這裡開始。

「能清楚地向對方表達自己的想法」

13～14歲

| 符合 9.9% | 算符合 39.1% | 不太符合 39.2% | 不符合 11.8% |

15～19歲

| 符合 17.6% | 算符合 35.0% | 不太符合 32.2% | 不符合 15.2% |

「與其強調自己的個性，不如與他人一樣，這樣才會安心」

13～14歲

| 符合 7.5% | 算符合 47.8% | 不太符合 36.8% | 不符合 7.9% |

15～19歲

| 符合 15.1% | 算符合 41.5% | 不太符合 29.9% | 不符合 13.5% |

來源：內閣府／兒童及青少年意識調查（2019年度）

第 1 章　了解自己的感受

什麼是自我主張？

有一種溝通方法（思考方式）稱為「自我主張（Assertion）」，又稱為「自信表達（Assertiveness）」。這是一種在尊重對方的同時，也主張自我意見的溝通方式。這個概念發展自美國，原本是為了幫助人際關係不佳的人所設計的諮商方法。這種溝通方式並不是為了避免受傷而壓抑自己，而是在表達自我主張的同時，也能顧及不傷害對方的感受。

> 展現自我特質，創造更好的生活方式

向他人分享自己喜歡的事物，會更容易交到朋友。這是因為喜歡相同事物的人，或對此有興趣的人通常都會聚在一起，所以只要表達自己的意見，說不定就有機會吸引抱持著相同想法的人。

即使其他人對於你喜歡的事物不感興趣或給予負面的反應，也不需要太在意。這可能只是因為班上沒有能夠理解你的人，日後有一天，我們或許會遇到同好。所以自己的意見或價值觀與其他人不同也沒有關係，因為不同並不代表錯誤。人的價值，體現在與他人不同之處上，希望大家不要認為與人相同才是正確的，更不要因為害怕與人不同而隱藏真實的自己。

開始展現自己吧

> 嗯，我很喜歡。
> 這個鑰匙圈是那部動畫的角色吧！
> 我也想去看！

> 我要去看動畫的音樂劇。
> 你喜歡音樂劇呀？

當你偶然帶著喜歡的物品被朋友發現，並開始聊起來時，這其實是增進友誼的絕佳時刻！

勇敢地將自己喜歡的事情告訴朋友，說不定就能一起分享樂趣。

還有這種情況

向朋友分享自己喜歡的事時，若是得到對方的稱讚，就會因為感受到自己被接納而雀躍不已。

不過也會有人給予否定的反應。這個時候不必太在意，只要和能接納自己的人分享話題就好了，不需要讓所有人都接受你。

> 好厲害喔！很帥氣耶！有發表會的時候跟我說。
> 實不相瞞，我正在學習芭蕾。
> 欸—，你在跳芭蕾舞呀？

總結

- 表達自己的喜好和意見需要勇氣，這是非常重要的。
- 和別人不一樣也沒關係，因為人的價值，通常體現在與眾不同之處。

第1章 ── 了解自己的感受

1-6 你是哪種類型的人？

自我主導型與順應環境型

> 今天又因為社團晚回家了。
>
> 那是村木嗎？
>
> 他在和老奶奶說話？
>
> 幫她帶路，真了不起。
>
> 可是不是在村木家那邊……
>
> 村木人真好。
>
> 如果是我的話，我也會這麼做嗎？

每個人的性格都不一樣。所以要盡量客觀看待自己，思考一下自己是哪種類型的人。但也別忘記對不同類型的人表現出關心。

藉由五大特質的組合，了解自己的性格傾向

你是什麼樣的性格呢？有些人可能會立即回答「開朗」、「性急」、「謹慎」、「有計劃」、「不服輸」，但有些人可能會說：「我不太了解自己」。

將人的性格分門別類有很多種方法，而最近頗受關注的是「五大人格特質」。人的性格是由「開放性」、「友善性」、「嚴謹性」、「外向性」和「神經質」這五個特質組合所構成的。只要參考這些特質的高低程度，就能了解一個人的性格傾向。這個理論，主要應用在考慮自己適合什麼樣的工作，在進行團隊分組時可派上用場。

你認為自己哪些方面的特質較強呢？

這個理論認為，在分析一個人的性格時，可以根據以上五種特質的高低組合來進行分類。

5大人格特質

開放性
表示對於未知領域和藝術感興趣的程度，或創造力的高低。

神經質
表示在面對周遭的壓力時，情緒是否容易變得不穩定。

友善性
表示和諧性或奉獻精神等，對他人的友善程度與共感力。

外向性
表示社交性、積極性、自我主張的強度等，是否喜歡與人交流。

嚴謹性
表示勤奮和責任感的強度等，以及自我控制能力的高低。

領導類型的自我主導型與配合旁人的順應環境型

不論是在班上或社團等大型團體,還是在像好友小圈圈這樣的小型集團,在這當中,總是會出現一個站在大家前面的「領導者」以及其他類型的人。那些主動採取行動的人稱為「自我主導型」,而依照周圍情況採取行動的人,則是稱為「順應環境型」。

自我主導型的人擁有堅定的意見,能夠自訂目標並付諸實行。在這個過程中,他們也會發揮領導能力,統率大家採取行動。不過這種類型的人,有時可能會無法完全理解能力較弱的人心中的感受。

順應環境型的人重視團隊合作,遵守群體

分析 A 與 B 的性格!

A 和 B 兩個人的性格,可以根據上述五種特質的強弱,分成三個等級(強、中、弱)並製成圖表。從圖表中能清楚看出兩人性格的差異。

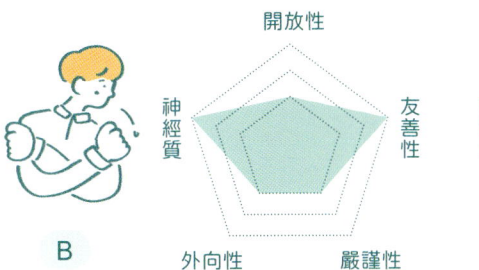

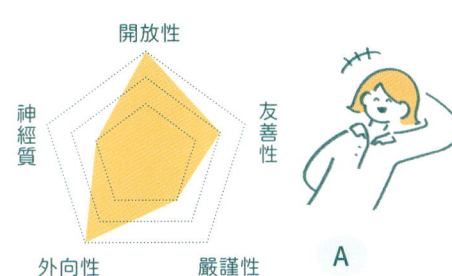

B　友善性和神經質傾向較高,容易配合周圍的氣氛,不太會表達自己的意見。有時也會因為觀察他人的表情而忐忑不安。

A　開放性和外向性高,不太會怕生,不管是誰都能相處融洽。另一方面,不太善於察覺他人的感受。

1-6 你是哪種類型的人？

順應環境型

自我主導型

B的優點
- 非常重視團隊之間的合作。
- 懂得遵守群體中的各種規則。

A的優點
- 有自己的意見。
- 能夠自己設定目標、制定計畫並加以實行。
- 擁有讓大家團結一致的領導能力。

B的缺點
- 懂得察言觀色，自己想說的話會忍住不說。
- 不太會在沒有指示的情況之下自己決定，採取行動。

A的缺點
- 自我主張強烈，不聽取周圍的意見。
- 不能理解無法做到的人是什麼樣的心情。
- 有時也會主導霸凌等不良行為。

每個人的個性都不同，沒有必要大家都一樣

規則，確實履行自己所扮演的角色。但是自己主動帶頭行動的情況並不多。

不過，人並非一定要完全分為這兩種類型，畢竟有些人同時擁有兩種特質，也有些人會根據當時的情況，或配合同伴來改變自己的行為方式。

「要是能像他那樣直接說出自己的想法就好了」、「大家都很信任他，真好」——你是否曾羨慕過這些領導型的人呢？

其實，我們根本就沒有必要勉強去改變自己的性格。如果你正為「無法說出自己的想法，總是在忍耐」而煩惱的話，與其想著「我要改變性格」，不如思考「到底要怎麼做才能表達出自己的想法」，找到應該會理解自己的人，慢慢敞開心扉，也不失為一個好方法。

另一方面，屬於領導型的人也要明白並非每個人都能和自己一樣，畢竟這個世界上存在著各種不同的思考方式。

人的性格和個性本來就各有不同，所以世界才會如此有趣。

在肯定自己優點的同時，要是能對那些自己想要改變、想要成長的部分，稍微努力去改善，這樣就好了。

1-6 你是哪種類型的人？

不用勉強自己成為領導者也沒關係！

並不是每個人都需要成為領導者。就讓我們思考一種不用勉強自己、也不會過度忍耐的自我表達方法吧。

我做不到

為什麼你不能像我一樣做到呢？

並不是每個人都可以做到相同的事情

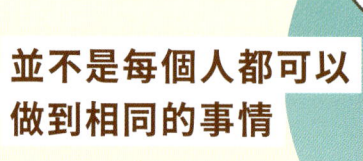

每個人的思考方式和能力都大不相同。因此要注意，千萬不要將自己的標準套用在他人身上。

總結

- 人的性格各有不同是理所當然的，所以不需要強迫自己去改變。
- 如果對自己的性格感到困擾，不妨嘗試一些可行的解決方法。

46

告訴我！煩惱諮詢 #1

> 同學忘記帶課本，我借他看了一整堂課，結果卻得到冷淡的回應，連句謝謝都沒說，讓人悶悶不樂。受人幫助時至少說聲謝謝吧？不是嗎？

那位同學的行為確實不太好，而你感到煩悶也是理所當然，很多人應該都能夠理解你的感受。但是在這種情況之下，不如從另一個角度來看待這件事。

或許那位同學在家裡和父母大吵一架，所以心情很糟。平時親切以對時會說「謝謝你幫了我一個大忙」，但是這次卻因為內心煩躁而沒有說出口。既然是人，當然會常遇到這種情況。因為所處的情況不同，就算經歷一樣的事情，感受和應對也可能會有所差異。所以，即使偶爾受到對方冷淡相對，也不要因此疏遠那個人，試著想想對方可能遇到了什麼不開心的事。只要能抱持著同理心，心境上就會更加舒暢。

另外，「別人可能不會按照自己期望的方式行動」也是一個很好的教訓。受人幫助時，你可能會說「謝謝」，但不是每個人都會這麼做。即使你認為「這麼說對方應該會高興」、「這樣做對方應該會感謝」，但是那個人未必會符合你的期望回應。就算期望落空，也不要感到煩躁或受傷。與其生氣地想「不是應該要麼做嗎？」不如接受「別人不會完全按照自己的想法行動」這個現實，這樣比較能釋懷。

大人也不知道！？重要的事情

#1 為什麼社會需要良好的溝通能力？

許多調查結果顯示，「企業所尋求的，是具有高溝通能力的人才」。為什麼社會上這麼重視溝通能力呢？

其中一個原因是，工作就像接力賽，需要與許多人合作。舉例來說，假設你到一家公司上班，負責製作宣傳新產品的傳單。你會從產品企劃人員那裡聽取產品說明，然後將自己製作的傳單交給負責銷售的人員。為了達到「銷售更多產品」的目標，大家分工合作，進行工作接力。這份工作在交接的時候，勢必需要溝通能力。為了反應出企劃者的理念，製作出有助於銷售人員推廣的傳單，你需要與他人討論，或想像對方感受的能力（也就是溝通能力）。

現在，職場上所需要的溝通品質正在改變。過去是產品與服務非常容易銷售的時代，只要上司下指示、下屬遵循，就能取得工作成果。但是現在不一樣了，是一個變化快速、沒有標準答案的時代。而溝通，已從「由上而下傳達」轉變為「大家一起思考」。上司需要有能力創造出一個讓大家容易提出意見的環境，而溝通的方式也會隨著時代演進而改變。因此，即使是大人，也需要不斷地學習溝通的技巧。

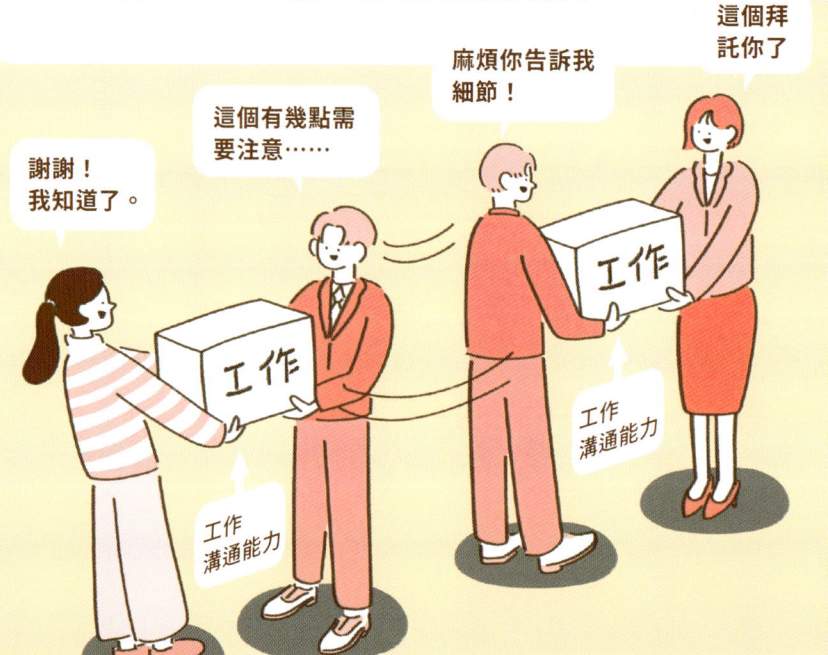

謝謝！我知道了。

這個有幾點需要注意……

麻煩你告訴我細節！

這個拜託你了

工作 溝通能力

工作 溝通能力

48

CHAPTER 2

面對他人

第 2 章

體認到自己與他人不同,並且想像他人的人生,真正的人際關係才會開始。

這一章,我們要來思考與朋友和父母的相處方式、與戀人保持適當距離的方法,以及與不合之人的相處之道。

不管是誰,都是以自己為主角生活在自己的人生裡。

而重視自己、尊重對方,正是建立良好人際關係的秘訣。

人不知而不慍,不亦君子乎?

孔子(學者・思想家)

2-1 為什麼他都不懂呢？

把自己與他人分開思考

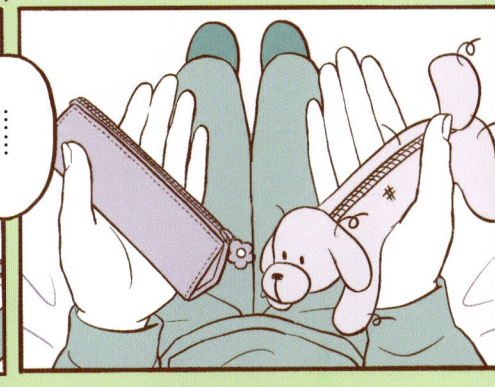

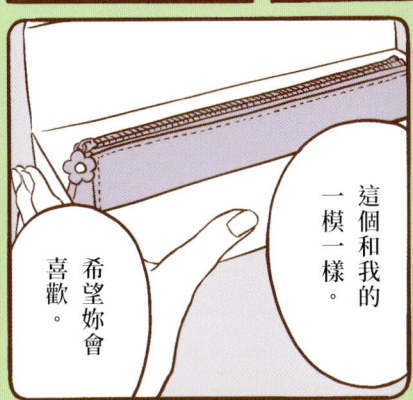

嗯……

……

涼子，生日快樂！
這是送妳的禮物。

果步

謝謝！
咦──是什麼呢？可以打開嗎？

這個和我的一模一樣。
希望妳會喜歡。

好開心喔，謝謝妳。

果步的心意雖然令人開心，可是這個筆袋對我來說也充滿了感情……因為是奶奶買給我的。

可是不用的話，又會對不起果步。
這個就在家裡用吧。

你有人際關係上的煩惱嗎？人是無法獨自生活的。
既然活著，那就無法避免與人往來，所以還是要好好相處喔。

自己要與他人分開思考

我

如果不分開思考,就會產生問題

人可以分為自我和他人兩種

在進行有關溝通和人際關係這個議題之前,有一個基本前提希望大家能理解。那就是人類可以分為兩種。

你知道是哪種分類方式嗎?也許有人會想到「朋友」和「非朋友」。但從更基本的角度來看,**人其實可以分為「自我」和「他人」。**

「他人」這個詞或許會讓你感到有些抗拒,好像心與心之間有了距離。特別是在與毫無關係的人相比之下,家人、好友、戀人對你來說親密度不同,若把他們全都歸類為「他人」,可能會讓你感到不自在。

讓團體中的每個人都感到為難

在一群死黨中擔任領導角色的 C，決定這個週日要一起去主題樂園玩。雖然大家都去了，但是看起來卻不太開心。原來大家比較想去一個稍微安靜一點的地方放鬆一下。C 事後反省，覺得當初應該要好好商量再決定。

送了對方不想要的禮物

A 和 B 變得要好後，在他生日的時候送了自己喜歡的偶像 CD，但是對方卻告訴他「其實我不常聽音樂」。A 以為只要送自己喜歡的東西，B 一定也會很開心，但是他卻從來沒有問過也沒想過 B 到底喜歡什麼。

被罵說為公司拚命工作是理所當然的事

公司要提高業績，所以上司要求 E 加班。表現出色的 E 反駁：「我也想有私人生活，我自認工作已經很有效率了。」卻被上司責罵：「既然是員工，就應該為公司付出一切。」因為無法認同上司，E 決定換工作。

將自己的價值觀強加於他人身上

D 是一名高中生，父母告訴他「進入好大學、好公司才是最大的幸福」。當他表明自己其實想當聲優，希望能去培訓時，卻得到「說什麼夢話！」的否定回應。D 對於父母強加他們的價值觀在自己身上而感到厭煩。

不過我們還是要明白一個道理，那就是「不管關係有多親密，都不等同於自己」。

要是認為「既然是好朋友、是家人，就一定能理解我的感受」，或者是「我們的心是連在一起的」，就可能因為自我中心的判斷，而採取忽略對方感受的行為。

反過來說，採取這種想法的他人，也可能讓你感到壓力。因為真正舒服的關係和對他人的體貼，正是從理解「自己與他人是不同的」這一點開始產生的。

體會波爾斯的詩，一起思考

佛列茲‧波爾斯（Frederick Perls）是一位出生於德國的精神科醫師，他建立了完形治療（Gestalt Therapy）這種心理治療方式。據說他在自己主持的工作坊上朗誦了這首自己創作的詩，充分體現了「自己是自己，他人是他人」這種思想。

> 我做我的事，你做你的事。
> 我在這世界不是為了要實現你的期望而活，
> 而你在這世界也不是為了我的希望而存活。
> 你是你，我是我。
> 如果偶然地我們發現彼此，那很美好。
> 如果沒有，那也是沒有辦法的事。
>
> ——完形祈禱文／格式塔祈禱文

與他人真誠交流可以讓我們的生活充滿更多驚喜

我們可以透過與他人互動的方式，來得到幸福的感覺。

例如，當大家稱讚自己畫的畫「不錯喔」，或是朋友也能理解自己喜歡的藝人有何優點時，內心通常會感到非常開心。另外，當有人對我們說「謝謝」時，內心也會感到非常喜悅。

來自他人的認同及交流不僅能豐富生活，還能成為精神上的支柱。

不過，我們有時也會被他人傷害。例如，穿著新買而且又非常中意的衣服和朋友見面時，對方卻說：「你平常的打扮比較好看」，或是被父母說：「哥哥比較聰明」。

相信這樣的經驗大家都曾有過，有時他人反而會成為傷害自己的潛在隱憂。不論交情有多好、有多體諒對方，只要稍有誤解，就有可能讓人際關係因此而破裂。

那麼，只要躲起來就能避免這些麻煩嗎？這麼做的話，人生反而會變得乏味無趣。

人類即使有可能被他人傷害，卻還是會渴望從他人身上獲得喜悅。

在此要告訴大家一個著名的寓言故事，〈刺蝟的困境〉。這是一個關於人際關係發生衝突的精彩故事。有沒有覺得它說中了你某些處境呢？

刺蝟的困境

好冷……　　當我們分開時　　喂～

會感到寂寞……

在一個非常寒冷的日子裡,有兩隻刺蝟。因為分開時很冷,所以牠們想要靠在一起取暖。

痛…

但是彼此的刺會刺傷對方,讓人疼痛不已,所以無法一直靠在一起。

於是牠們一會兒靠近,一會兒分開,最後終於找到了一個不會傷害彼此的最佳距離。

總結

- 「自己(自我)與他人不同」這個認知,是建立真正人際關係的起點。
- 雖然有時會被他人傷害,但能帶來喜悅的也是他人。

2-2 人生的主角只有你嗎?

想像他人

第1格：
第六節的輔導課太晚下課，害我遲到，偏偏我又是值日生。
已經4點了……
社團大遲到

第2格：
村木！
啊，三浦。我還有值日生的工作要做呢。

第3格：
村木你先去社團沒關係，剩下的值日生工作我來就好。
嗯？可以嗎？
我社團很輕鬆的，沒問題的。

第4格：
那就麻煩你了。不好意思捏

第5格：
……

第6格：
雖然可以早點去社團，但總覺得對不起三浦，心裡有點在意。

你是自己人生的主角，你認為身邊的其他人，也就是「他人」，在你的人生中扮演著什麼樣的角色呢？讓我們來思考自己與他人之間的關係吧！

第2章 ── 面對他人

你是自己人生的主角

勝負關鍵時刻，每個人都在活出自己的人生

在最後一球決定勝負的那一瞬間，投手和打者都努力地在活出這個以自己為主角的人生。而那些在遠處觀看的人，也同樣是以自己人生的主角這個身分在生活。

珍惜自己也尊重他人

既然你是自我人生的主角，你的意見、想法和行動都應該受到尊重，誰都不可以侵犯。試著活出自己的人生，而不是按照別人的期望生活。

但自由也伴隨著責任，讓我們認真思考自己想過著什麼樣的生活，並且做出決定，付諸行動。

既然自己是主角，那麼「他人」又是什麼呢？他們是你人生中的配角嗎？不，他人也是以自我人生的主角而努力活著。

大家可以試著想像他人的生活。

他們和你一樣，會感到開心、會努力，也會受傷。

每天努力生活的人並不是只有你一個，請牢記在心上。

投手 A 的人生

A 為了贏得這場比賽付出了許多努力。雖然經歷了許多困難，但在家人和朋友的支持之下，也認真地活出自己的人生。

打者 B 的人生

B 也不甘示弱。雖然曾經受過重傷，卻努力復健，成功克服難關。專注於這一瞬間的他告訴自己：「此刻絕對不能輸。」

觀眾 C 的人生

未能成為正選球員的 C 雖然不甘心，不過他對自己曾經努力練球的態度相當自豪。現在的他，正打算未來要在棒球以外的領域找到讓自己大放異彩的道路。

網路另一端，也有真實的人

網路和SNS能讓我們輕鬆地發表意見，但這並不是與現實世界分離的平行空間。要是你說出傷人的話語，這些言論就會傳到活在現實世界中的對方耳邊，並造成傷害。在最糟糕的情況之下，這些話甚至可能會讓對方結束自己的生命。要記住，螢幕的另一端也有一個和你一樣的人。即使是你不喜歡的對象，也不該用那些無法當面說出口的言語來傷害對方。

每個人的感受和看法都完全不同

前面提到，每個人都是自己人生的主角，都是應該被重視的存在。

也正因如此，和人互動時，我們要練習多想一想：「這樣做對方會開心嗎？」、「這樣說會不會讓他不舒服？」這其實就是設身處地，想像對方感受的同理心溝通方式。

把麻煩事推給別人、瞧不起他人、認為自己是多數派而漠視少數派意見，這些都是把別人當成人生配角、缺乏同理心的表現。因此，我們不僅要珍惜自己，也要尊重他人，成為一個富有同理心的人。

不過，同理心並不一定能精準預測對方的想法。有時候，我們以為這樣做能讓對方快樂，但實際上卻未必奏效。例如，你本來想稱讚朋友換了新髮型，隨口說「看起來像某某藝人」，沒想到對方卻回說「聽到這種話我不是很開心」。

這種誤解，是因為你和對方的感受不同而產生的，並不是誰對誰錯的問題。

事實上，每個人的經驗、知識、興趣和喜好都各有差異，即使幾個人同時看完同一部電影，也會留下完全不同的印象。

可能會有人說「那位演員的演技真厲害」、「那句台詞真感人」，也可能會有人說「服裝設計很帥氣」，這些差異正說明了，每個人的經驗、知識、興趣和喜好都有很大的落差，即使我們看到了相同的事物，也無法百分之百理解彼此的感受。

> 那件衣服好看

> 那位演員好帥

> 拍攝手法不錯耶

即使看到同一個事物，每個人看待的方式和感受卻會有天壤之別。

因此，溝通時除了試著想像對方的立場之外，更重要的是表達自我時要清楚、真誠，**最好以「我」為主語來闡述**。

例如，想要稱讚朋友的髮型時，可以說「我覺得這個髮型很好看」或「我很喜歡這個造型」。這樣就能巧妙避免對方誤會成比較或批評，而是單純感受到你的欣賞。

這種以「我」為主詞的表達方式，就是溝通中的「我訊息」。它能讓交流更加順暢，減少不必要的誤解，是一個非常實用的小技巧，大家一定要記住並試著多多應用在生活中喔！

> **總結**
> - 不僅是你，每個人都是自己人生的主角。
> - 要了解對方與自己的感受並不相同。

2-3 如果是朋友，就能互相了解彼此嗎？
關於人與人之間的距離感

> 咦？
>
> 三岸，你是圖書委員？
>
> 對啊。
>
> 為什麼啊!?
>
> 你不是答應我要一起當體育委員嗎？
>
> 我有答應你嗎？

> 如果不同班的話，明年上學期我們還是當體育委員吧。
>
> 有啊，去年呀！
>
> OK！

> 什麼嘛～我還以為你的想法跟我一樣……
>
> 沒關係啦，反正我們在社團還是能見面呀，不是嗎？
>
> 我怕我們兩個老是黏在一起，你會受不了的。心跳加速的感覺會消失喔！
>
> 囉唆啦！誰會對你心動啦。

身為「他人」的朋友。只要是他人，即使是親密的朋友，也無法完全了解彼此。所以就讓我們來思考一下，如何與朋友相處吧。

從山岸的角度來看……

我們先在5月舉辦「你的推薦書籍排行榜」

7月學期結束之後……

山岸,你有在聽嗎?
啊,抱歉。
我有在聽啦。

盯——

你又當圖書委員呀。
嗯。

偷看

喂,村木。
喔!

其實我記得與村木的約定,但是,我卻選了圖書委員。

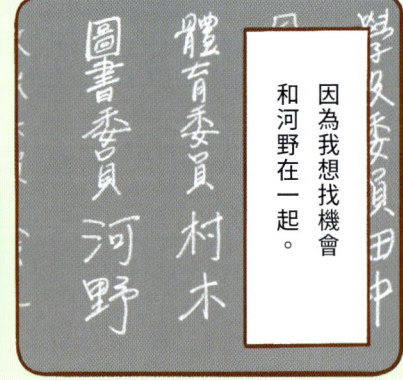

因為我想找機會和河野在一起。

村木雖然跟我很要好,但這種事我實在是不好意思說出口。

感到害羞、不好意思……種種原因讓我們有些事情無法與好友商量。其實就算交情不錯,也不需要每一件事都和對方分享,更不需要努力去理解對方的一切。

超越「因為一樣所以成為朋友」的階段

從小學的中年級到中高學生期間所形成的伙伴群體，在專業的發展心理學上共分為幫派群（Gang Group）和密友群（Chum Group）。幫派群主要出現在小學中高年級，常見於男生之間，透過共同的活動和遊戲來凝聚向心力；密友群主要出現在國中，多見於女生之間，特點是分享秘密，並確認彼此在處境上及感受上的共同點。這兩種群體都非常重視「相同」這個特質。

青春期的青少年常會為了好友群體的事情而困擾。許多人因為害怕被排擠而選擇迎合他人，不然就是觀察周圍的氣氛之後再行動。但要記住，若是過度追求「相同」或團體的一體感，有時反而會讓對方感到為難。

幫派群
因為共同參與相同的行動或遊戲而團結一致的群體。主要見於小學生中年級以後的男生。

> 一回到家就立刻開始玩遊戲喔！線上的
> OK！

密友群
藉由分享彼此秘密等方式，來確認感覺上有共通點的群體。主要見於國中時期的女生。

> 今天，輪到艾米了喔。
> 我知道了
> 去上廁所吧。
> 交換日記很麻煩，其實我根本就不想寫……
> 其實，我還有其他想玩的遊戲……

相互接納「差異」的同儕團體

「因為一樣所以是同伴」這種幫派群或密友群的價值觀會隨著成長而逐漸減弱。到了高中時期，會開始形成能夠相互接納彼此差異的同儕團體（Peer Group）。只要透過分享價值觀和理想，了解彼此的不同，就能讓每個人建立起自我獨特的個性。

我們通常會對與自己興趣和想法相似的人感到安心。因為和相似的人在一起時，會覺得自己好像被對方接納。

然而，認為「因為相同所以是朋友」這種想法，有時反而會帶來「必須一樣」的壓力，或「不一樣就會被排擠」的恐懼。

過於親近也會導致失敗

朋友本來就是彼此平等的關係，並不一定要去迎合誰。正如 2-1 中所述，即使是親密的朋友，「自己」和「他人」終究是不同的個體。因此，我們不應過度要求他人與自己相同。

朋友之間難免會有開玩笑的時候，有時甚至在不知不覺間，就可能讓對方感到不舒服或心裡受傷。例如，強迫對方做自己根本不想做的搞笑動作，或是公開對方不願被提及的糗事、尷尬回憶等。

這些看似無傷大雅的互相打鬧、調侃對方的

小事也會成為失去友誼的契機

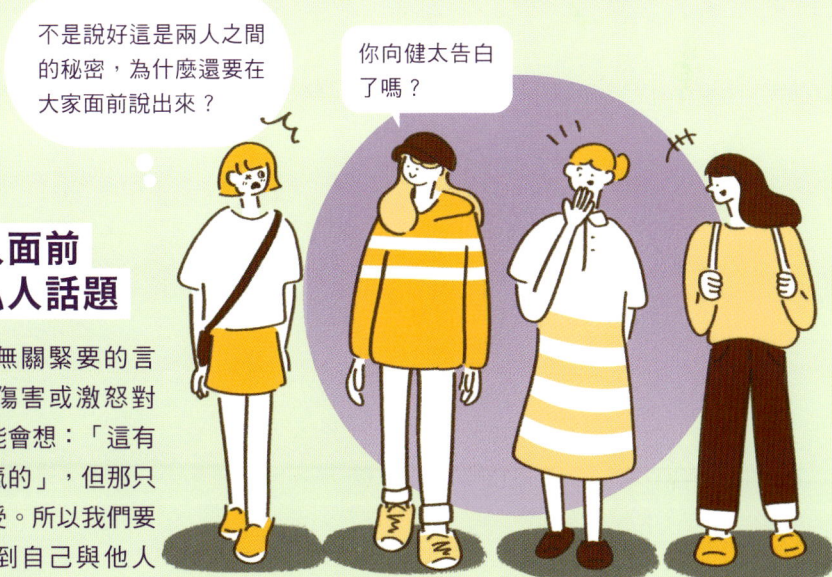

取笑他人的舉動

> 你老是對女生這麼好,愛女生喔?

嘲笑他人的外表或穿著

> 這個丸子頭一點都不適合你～
>
> 哈哈哈

在眾人面前談論私人話題

> 不是說好這是兩人之間的秘密,為什麼還要在大家面前說出來?
>
> 你向健太告白了嗎?

自己認為無關緊要的言行常常會傷害或激怒對方。你可能會想:「這有什麼好生氣的」,但那只是你的感受。所以我們要好好理解到自己與他人的感受是不同的。

交流方式，即使沒有惡意存在，也仍有可能在無意中勉強、忽視，甚至真正傷害到對方的感受。

與越親近的朋友相處，就越要用心體貼、細心留意，這樣才能長期維持穩定而良好的關係。所謂關係越親密越要保持適當的距離，彼此才能自在又長久，就是這個道理。

如果你覺得「和朋友相處很痛苦」或「要一直勉強自己配合他們」，那就不要默默忍受，而是要試著主動向群體中願意傾聽、能夠溝通的朋友，坦白自己的真實感受，或者悄悄地與那些讓你感到壓力的朋友保持一段距離。

若和朋友在一起反而會受到傷害，那麼，選擇一個人獨處，好好讓自己的心靈休息、恢復力量，也是一個非常重要的方式。

總結

- 過度追求「相同」會讓大家感到壓抑，喘不過氣。
- 關係越近越要維持適當距離，不要忘記對親近的人保持一顆體貼的心。

2-4 如何與不合的朋友相處？

設身處地為對方著想

好機會

傳球

傳球

啊——不行了。

喂

鄉野孝志

你為什麼沒有傳球？

你沒有能力射門，就不要再射門了。

火大

那傢伙幹嘛這麼臭屁呀！

冷靜點冷靜點，只要攸關勝負，鄉野就會激動起來。

不過是堂體育課而已嘛

息怒 息怒

有些人不管怎麼努力，就是會與對方合不來。這樣的人非得要和他們和睦相處嗎？讓我們一起來思考一下，如何與合不來的人相處吧！

從鄉野的角度來看……

幫我買兩瓶牛奶。
也買個布丁吧。
母親

看

我要壽司。
我要漢堡排。
啊,是鄉野。
哇
哇

你們安靜點。
明里,不要坐在地上。

對了,鄉野他爸媽好像在開蛋糕店。

哥哥,我也想吃壽司。
你選有貼降價標籤的那個啦。
口氣聽起來很自大,是因為在照顧弟妹的關係嗎?

那傢伙也挺辛苦的。
不過他今天那種說話口氣還是讓人無法接受。

我們每個人不僅性格不同,就連成長的環境也不一樣。
所以世界上才會有各種特質的人。有時候我們可能會與對方發生衝突,
但是,試著互相理解對方背景的態度也很重要。

有合不來的人很正常，不必過於在意

心理學家阿德勒指出：「如果你身邊有十個人，其中差不多會有兩個跟你合得來的人，而會有一到兩個是你覺得合不來的人。剩下的五到六個人則是普通」，這就是「相性法則」。雖然不能說這個法則絕對正確，但感覺上也不會相差太多。

在你周圍的十個人當中，如果只是和一兩個人合不來，或許就不需要勉強自己去和他們建立更深厚的關係。

只要意識到 我們不可能被周圍的所有人喜歡 時，心情上是不是會感覺輕鬆一點呢？所以認清「人際關係就是這麼一回事」並接受它，也是一種選擇。

不過我們要記住一點： 與你合不來的人並不是 「可以不重視的人」。

正如1-2中所說的，千萬不要攻擊他們，遇到對方還是要記得好好地打招呼，每日正常交流。

不要貼標籤，試著從各個角度觀察

雖說有合不來的人很正常，但「如果可以的話，還是希望能和各種人融洽相處」。既然如此， 有件重要的事大家一定要記住，就是 不要任意給人貼標籤 。所謂的貼標籤，是指只要看到某個人的外表、性格或言行的一部分，就一口咬定「這人就是這樣」。例如，

71

沒怎麼跟 C 君
說過話

曾經與 B 有過
一些爭執

喜歡同一位
偶像的 E

我喜歡銀飾配件

偶爾會聊到
興趣的 F

這是新作品～

提到興趣會
很嗨的 H

常常打招呼的 I

如果有十個人，可能會有一兩個人和自己合不來

在課堂上有人嚴厲指正搗亂的人，就會認定對方「個性一板一眼，難以親近」；若是有人眼神銳利，就會認為對方是「可怕的人」而刻意躲避。要是這樣做，能與你接觸的人就會變得越來越少。

人的性格不會只有一種。即使是同一個人，也會有不同的面向（性格）。所以不要因為看到一次不喜歡的地方，就斷定自己與對方「合不來」，放棄進一步交流，而是要試著找出「這個人這個地方還不錯」等優點，並以開放的心態欣賞。如此一來，你的人際關係一定會變得更加豐富且多采多姿。

不知道為什麼和 A 合不來

$7x = 21d$ 的話，
$x = 3$

教我功課的 D

什麼什麼～

相當健談的 G

交情不錯的 J

眼神銳利話不多的 B

他在生氣嗎？
……

↓

沒事吧？
我有OK繃喔
稍微破皮而已
謝謝！

其實關心朋友也很體貼

上課時非常認真的 A

他好兇喔…
你們好吵喔！
啊，抱歉

↓

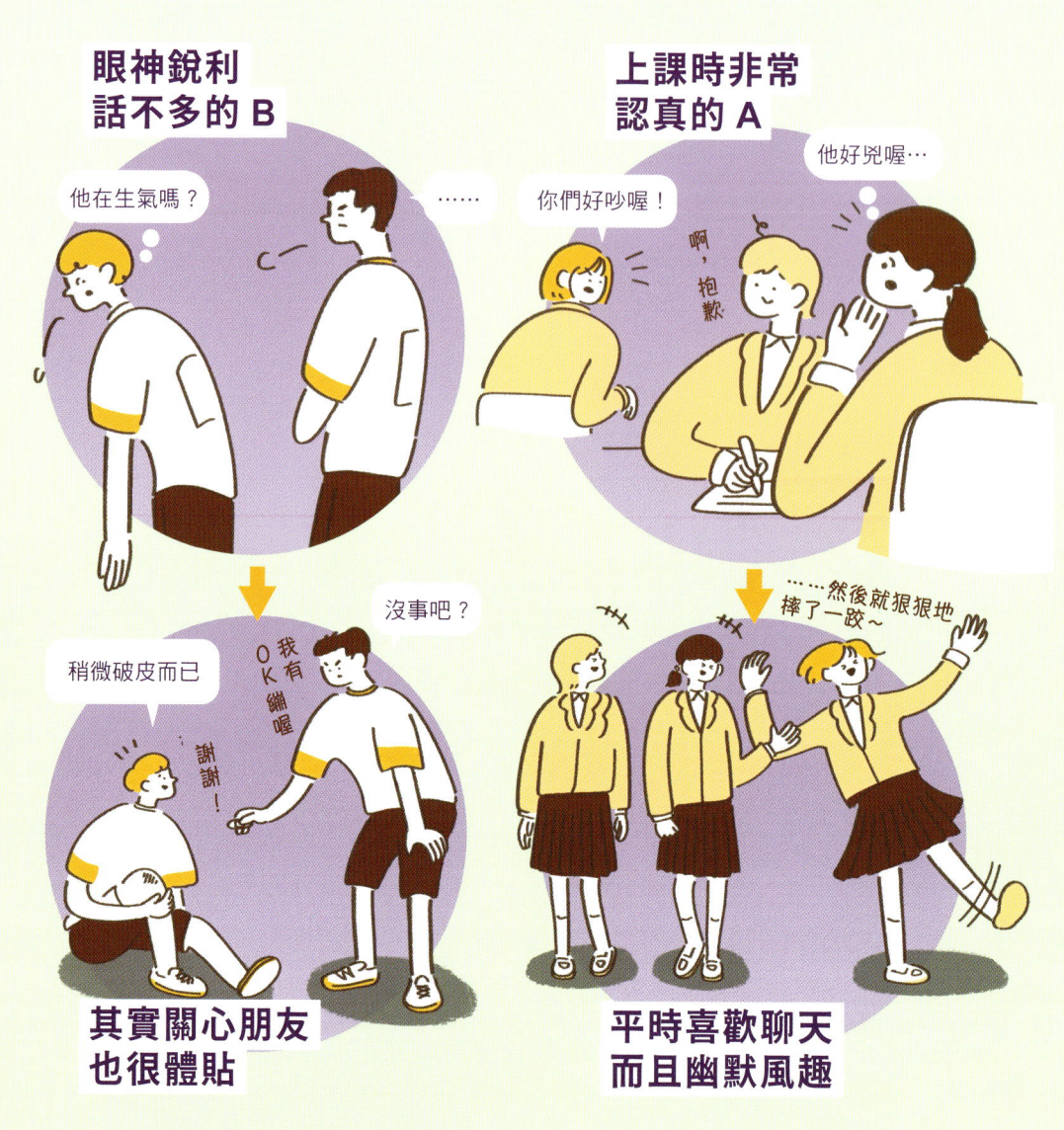

……然後就狠狠地摔了一跤～

平時喜歡聊天而且幽默風趣

人有很多不同的面貌。即使是你覺得合不太來的人，也不要立刻就認定對方是一個「討厭的人」，而是要多去了解他們的各種面貌，因為很多人就是這麼做，才發現原來和對方也是可以成為好朋友的！

總結

- 有合不來的人是正常的，所以不需要試著讓每個人都喜歡你。
- 人都有多種面貌，不要只看不好的那一面而給對方貼上標籤。

2-5 大人為什麼不懂！
與父母的相處方式

好厲害

抱歉，我不小心叫出聲了。

三浦你也太會畫畫了吧

不不不，我反而很高興，謝謝。

你畫得這麼好，將來應該可以成為插畫家喔。

嗯……

我也想成為漫畫家或插畫家……

可是我爸媽說要用功念書，找一份穩定的工作才行。

啊—

今天早上也因為這件事吵架。

原來如此

穩定的工作到底是什麼呢？

對你來說，父母是什麼樣的存在呢？
他們是你最初遇見的「他人」，也是離你最近的大人。
讓我們透過與父母的相處方式，一起學習在社會上與人共處的方法吧！

從三浦母親的角度來看……

那時候在三浦家……媽，妳聽我說。

小治老是在畫畫，還說他想成為漫畫家。成績也變差了……

啊，是喔？

我是希望他能選擇一條更穩定的路……

妳跟由美子不同，從小個性就比較穩重。

媽媽以前也常因為姊姊的事頭疼呢。

她說迷上了戲劇，想當演員，工作也不穩定……

但說到底，她現在嫁到國外去，而且還過得很幸福，這樣也挺好的呀。

那是姊姊運氣好。

但這也是因為小孩都大了，我才這麼說，不管他從事什麼工作，住在哪裡……

本人幸福就好了，那才是最重要的。

妳也要理解小治的感受。

嗯，知道了。

> 父母並不是無所不知、樣樣精通的超人。他們也是一邊煩惱思考，一邊撫養孩子長大。父母和孩子與其對立，不如互相了解彼此的感受，一起解決問題，這樣不是很好嗎？

難以將孩子視為「他人」的父母

應該有不少人常常和父母爭吵，覺得他們嘮叨又煩人。特別是在青春期，孩子開始想要獨立，不喜歡被管束，親子關係也因此經常變得緊張，甚至惡劣。

這是為什麼呢？其實這和人類的成長過程有很大的關係。

人類的嬰兒從一出生開始，幾乎什麼事也做不了，吃喝拉撒全都依賴著父母照顧。經過一段漫長的歲月，孩子才逐漸學會走路、吃飯，慢慢懂得如何自理。

正因為父母陪伴孩子度過了這段長時間的依賴期，他們難免放心不下。

父母的角色是保護孩子，而確保孩子免受危險更是父母的責任。因為時時刻刻都在掛念著孩子，所以對父母來說，年幼的孩子非但不會被視為「他人」，有些人甚至認為孩子對自己來說，是最重要的一部分。

然而，孩子進入青春期之後，開始有了自我意識，強烈地意識到「自己和父母是不同的個體」。

父母心裡雖然明白「孩子和自己不同」，但面對心智尚未成熟又讓人擔心的孩子，還是會不由自主地插手干涉，結果導致親子發生衝突。

無論是孩子還是父母，彼此都是「他人」。希望大家能互相理解這一點，不要情緒化，相互尊重才是上策。

親子容易發生衝突

生活規則

父母的規則不適合自己,因而起了爭執。要是能夠決定哪些地方可以配合,哪些地方無法讓步就好了。

> 再10分鐘
> 趕快吃飯

學校的成績

> 我不想聽。
> 等等!你考這什麼分數

當學校成績下滑時,父母往往會多加干涉,這也經常導致爭吵。但與其爭論考不好的原因,不如討論接下來要怎麼做比較好。

有這樣的父母,孩子就會安心!!

- 不以居高臨下的態度、命令的口吻說話。
- 孩子說話時認真傾聽,接納孩子當下的感受。
- 不與兄弟姊妹或其他人比較。
- 不強加父母的價值觀或既有觀念(例如:不上好大學就不會幸福、女生要更有女人味、男生要更有男子氣概,否則很難看等)。
- 會問「你想怎麼做?」來確認孩子的意願。

出路・未來

> 你要上大學!
> 我想當藝人啊!

如果父母感覺孩子想走的路應該會困難重重,他們就可能會建議其他的路。但父母並不一定是正確的,最重要的是要透過溝通,找到一條能讓自己接受的道路。

大人為了孩子而與不安抗爭

有些人會抱怨「大人都不懂我」。那麼，你有試著去了解大人的想法嗎？讓我們想像一下大人的心情吧！

父母和老師肩負著支持孩子長大成人的責任。他們一直在思考「如何讓孩子獨立自主並過得幸福」，這個問題非常困難，而且沒有正確答案。因此，會要求你去做那些他們認為對未來有益，或者一般認為是好的事情。正因為是與不安奮鬥，所以大人才會不自覺地把自己的價值觀強加在孩子身上。

只要理解這點，就可以向大人表達自己的價值觀。**不妨交換立場，想像大人的心情與不安，冷靜地討論，他們就會尊重你的意見。**

當你成為大人時，如果對引導孩子感到不安，坦率地表達這份脆弱，或許會是一個好的選擇。

因為展示自己內心的真實想法，通常能拉近與孩子之間的距離。

孩子的煩惱：友誼關係、出路、成績、戀愛

大人的煩惱：金錢、孩子的未來、工作

大人要考量孩子的心情，孩子也要顧及大人的心情

無論是大人還是小孩，大家都帶著各種擔憂和不安生活。因此想像彼此的心情，冷靜對話很重要。

遇到困擾時也可以依靠大人

兒童諮詢窗口 🔍

113 全國保護專線
（24小時服務）

無論是家庭暴力、兒童青少年保護或性侵害及性騷擾等相關問題，都可以透過此專線得到適當的協助。

唉唷喂呀兒童專線
0800-003-123
週一～五 16:30-19:30

全台（包括離島）國小六年級（十二歲）以下之兒童，皆可透過此專線傾訴壓力，處理生活中的煩惱與問題。

1925 安心專線
（24小時服務）

若有心理壓力或情緒困擾，可撥打衛生福利部心理健康司專線。

向朋友傾訴煩惱固然不錯，但是大人也同樣知道各種解決方法。如果無法找父母聊聊，我們也可以向自己信任的其他親戚、老師或學校輔導員等大人尋求幫助，或透過電話及聊天室向公共機構諮詢。有時只要向別人傾訴，就能改變現況。

※但要特別注意的是，在SNS上接近你的「友善大人」中，也有可能會出現危險人物，所以一定要小心。

總結

- 父母難以將孩子視為「他人」，所以會產生衝突。
- 理解父母的擔憂，多為對方著想。

2-6 與對方意見不合時該怎麼辦？
尋求的距離感差異

格1：
什麼！你開始和河野涼子交往了？

格2：
幹嘛這麼大聲啦。

格3：
什麼時候開始的？
一個禮拜前。我向她告白，她也答應了。

格4：
哦，那不就才剛開始交往。
對啊，超級開心的。昨天我們一直傳訊息，聊到晚上12點。

格5：
欸，聊到這麼晚呀？那你不就很想睡？
愛克服了疲倦。我們每天聯繫得很勤喔。感覺即時回覆已經是基本了。

格6：
那對方不會覺得很困擾嗎？
交往的人動不動就傳訊息過來的話，我可能會受不了。
沒有這種事，談戀愛本來就是這樣，不是嗎？

格7：
……
我是不太懂啦，但談戀愛大概就是這樣吧？

與朋友或戀人建立親密關係，肯定會讓人感到幸福。
但是不管關係有多親密，感覺還是會有一些不被允許或不該逾越的界線。

2-6 與對方意見不合時該怎麼辦？

從河野的角度來看……

然後，村木整個大摔一跤……哈哈哈 哈哈

我和田徑隊的山岸開始交往。

妳願意和我交往嗎？

雖然不是說特別喜歡，但被告白還是很開心。

啊，嗯，我願意。

周圍的朋友都有男朋友，所以我也想知道「交往」是什麼樣的感覺，可是……

配合對方的時間一起回家

抱歉讓你久等了

簡訊也互傳了好幾次……

涼子！已經九點了，快去洗澡。

對不起，我媽叫我去洗澡，先掛電話喔！

呼

聽到妳的聲音太開心了。

明天見囉。

叮 叮

交男朋友其實挺累的。

特別是在戀愛方面，常常會發生距離太近而讓對方感到困擾的情況。希望大家能建立一個互不依賴的關係，這樣在交往過程中，才能保持一段讓彼此感到舒適的距離。

無論有多親密，終究是感覺不同的他人

戀人或知己等親密的人際關係能帶給我們幸福的感受，特別是能和喜歡的人在一起的這份喜悅，更是無可取代。例如，剛開始與戀人交往或剛與好友變得要好的時候，你是否曾經想要與對方頻繁聯繫，甚至膩在一起呢？這是一件令人會心一笑的事，但是有幾件事情要稍微留意。

即使彼此都想一直在一起，但是這份心意在程度上未必要相同。並不是每個人都想要24小時黏在一起，有些人也是需要自己的時間。不管彼此的關係有多親密，我們每個人畢竟是不同的個體，所以應該要體認到彼此所需的距離感其實是不同的。

有些人一旦與親密的對象分開，內心就會感到不安，必須透過電話或SNS保持聯繫，不斷確認彼此的感受才會安心。「沒辦法，我太喜歡對方了」你會這麼覺得嗎？但是聯繫如果太過頻繁，對方可能會感到厭煩。

只有依靠某個信賴的人或精神支柱才能使自己存在的狀態，稱為「依賴」。這是一種「沒有那個人，就無法生活」的心理狀態。即使你不依賴對方，對方也有可能會依賴著你、黏著你，這些都不能算是健康的關係。

所以我們應該要保持適當的距離，在彼此都維持自立的狀態之下，追求一種讓雙方都能舒適生活的關係。

這是親密的關係，還是依賴？

- 要求立即回覆訊息
- 討厭對方與別人交流，會吃醋 
- 想知道對方一個人的時候都在做什麼 
- 明明沒有約，卻突然跑去找對方 

過度依賴？跟蹤騷擾和約會 DV

當與親密對象的關係破裂時，有些人會因為「我這麼喜歡你，為什麼你不能理解」的受害者意識而開始跟蹤對方，或不停地聯繫對方，這就是所謂的跟蹤騷擾行為。

另外，有些人為了獨占或控制交往對象，會用威脅或暴力剝奪對方的自由。有時受害者會以為「被罵是因為自己做錯了」而忍氣吞聲。這樣的關係性稱為「約會DV」。而這些行為是會構成犯罪的。

※ DV是家庭暴力（Domestic Violence）的縮寫。意指配偶或戀人等關係親密的人所施加的暴力。這裡的「暴力」不僅包括打人等行為，還有言語暴力、強烈監視和約束、剝奪對方自由等行為。

2-6 與對方意見不合時該怎麼辦？

拿捏恰當的分寸，才能營造長久而愉快的關係

當感到自己被需要，或與某個人在一起心裡感覺非常舒適時，我們往往很容易不自覺地將大部分的時間與精力都投入到這個人身上。這種情況下，雖然短期內會覺得滿足，但長期下來，雙方可能會因為過度依賴彼此，而逐漸失去獨立性，甚至讓原本應該自然的人際互動，變得緊繃失衡，難以維持健康穩定的關係。

讀到這裡，你可能會忍不住想：「那還不如乾脆不要有太親密的朋友或戀人！」的確，親密的人際關係，能帶來無比的幸福感和情感支持，是生活中非常寶貴的一部分，但關鍵在於，我們必須學會掌握分寸──也就是指，既不要完全依賴他人，也不要讓對方對你形成過度依賴。

在理想的關係中，**不互相束縛，保有適度的自由與空間，同時也能維持屬於自己的時間與活動。這樣的互動模式，才能讓兩人既親密又自在，既沒有壓力，也無過多的限制感，形成最完美的相處模式。**

因此，要有意識地去建立多元的人際關係，不要把所有的情感寄託在單一個人身上。可與朋友分享共同嗜好，與家人傾訴心情瑣事，或是給自己一些獨處時間，這樣人生才能豐富且平衡。

相信在你的生活中，也一定存在著各式各樣的親友。透過有意識地觀察與思考，可以慢慢調整並找到與每個人相處時最舒適的距離。

親戚們
家人
祖父母
戀人
親戚朋友
同學們
自己
青梅竹馬
前輩們
在SNS上認識的朋友
搬家的朋友

總結

- 即使是親密關係，自己和對方的感受也會各有不同。
- 不要依賴特定的人，要一邊保持適當的離距，一邊與各種他人建立聯繫。

> 告訴我！
> 煩惱諮詢
> #2

> 我對交朋友沒有自信。
> 老是覺得他們對我有點不耐煩，
> 讓我很難過。

如果對方真的是會把煩躁的情緒發洩在你身上的朋友，其實沒有必要勉強自己與對方往來。我們可以去找其他朋友，也可以一個人去圖書館。總之選擇一個不會讓自己難受的環境也是方法之一。只是，我們要思考一個問題：「朋友的煩躁情緒，真的是針對你嗎？」每個人都有各自的思考習慣。

舉例來說，假設Ａ和Ｂ在分組活動時討論得相當激烈。看到這一幕，有些人可能會覺得「他們這麼積極熱烈的討論，真棒」，但也有人會覺得「好可怕，好像快吵起來了」。即使是同一件事，只要經過每個人的思考過濾，解釋和理解的方式就會出現差異。

所以「朋友在和你說話時看起來很煩躁」這件事，其實也可以有不同的解釋：

- 是不是我說了什麼令人不舒服的話？（是我的錯）
- 那個人是不是遇到什麼不開心的事？（是那個人的問題）
- 他看起來很煩躁，或許他的個性本來就是那樣（不是任何人的問題）

如果老是透過「所有不愉快都是自己造成的」、「大部分的事情是不會順利的」這類負面思維來過濾現實，世界上的許多人就會看起來像敵人，人生就會變得不再有趣。我們可以試圖從不同角度重新審視，意識到「自己的想法是經過自我思維的過濾解釋而來的，因此情況可能與現實不符」，這種思考方式也是值得擁有的。

大人也不知道！？重要的事情

#2

（一）成為具備「後設認知」能力的人吧！

你聽過「後設認知」這個詞嗎？

「後設」指的是「更高層次的觀點」，「認知」則是「自我思考或感受的事情」。因此，後設認知就是「客觀地觀察自己正在思考或感受的事情」，亦可稱為「自我客觀觀察」。就像是靈魂出竅，在旁邊觀察自己的狀態一樣。

當你具備後設認知能力時，就能夠冷靜地想：「啊，現在的我正在生氣，所以說話不可以感情用事。」或者「最近我好像有點過於努力去滿足別人的期待。再這樣下去心會累的，要小心一點。」進而理性思考，選擇自己的行動。

習慣運用後設認知的人有以下這幾個特點：
・察覺自己的思考方式和意識習慣，朝理想的方向修正
・不被他人左右，能巧妙地傳達自己的真心話
・能夠完成被期待的角色責任，同時重視自己的感受

相反地，如果缺乏後設認知，就可能會發生下列情況：
・情緒化反應與周圍的人產生對立
・不顧周圍感受，自私行動，結果招致大家的厭惡
・竭盡全力扮演所要求的角色，卻耗損了自己的心靈

即使是大人，那些能夠美好展現自我特質的人，大多都具備後設認知能力。所以就試著培養出後設認知的習慣吧。

冷靜點冷靜點

我現在有點生氣……

請繼續看第2集喔!

索引

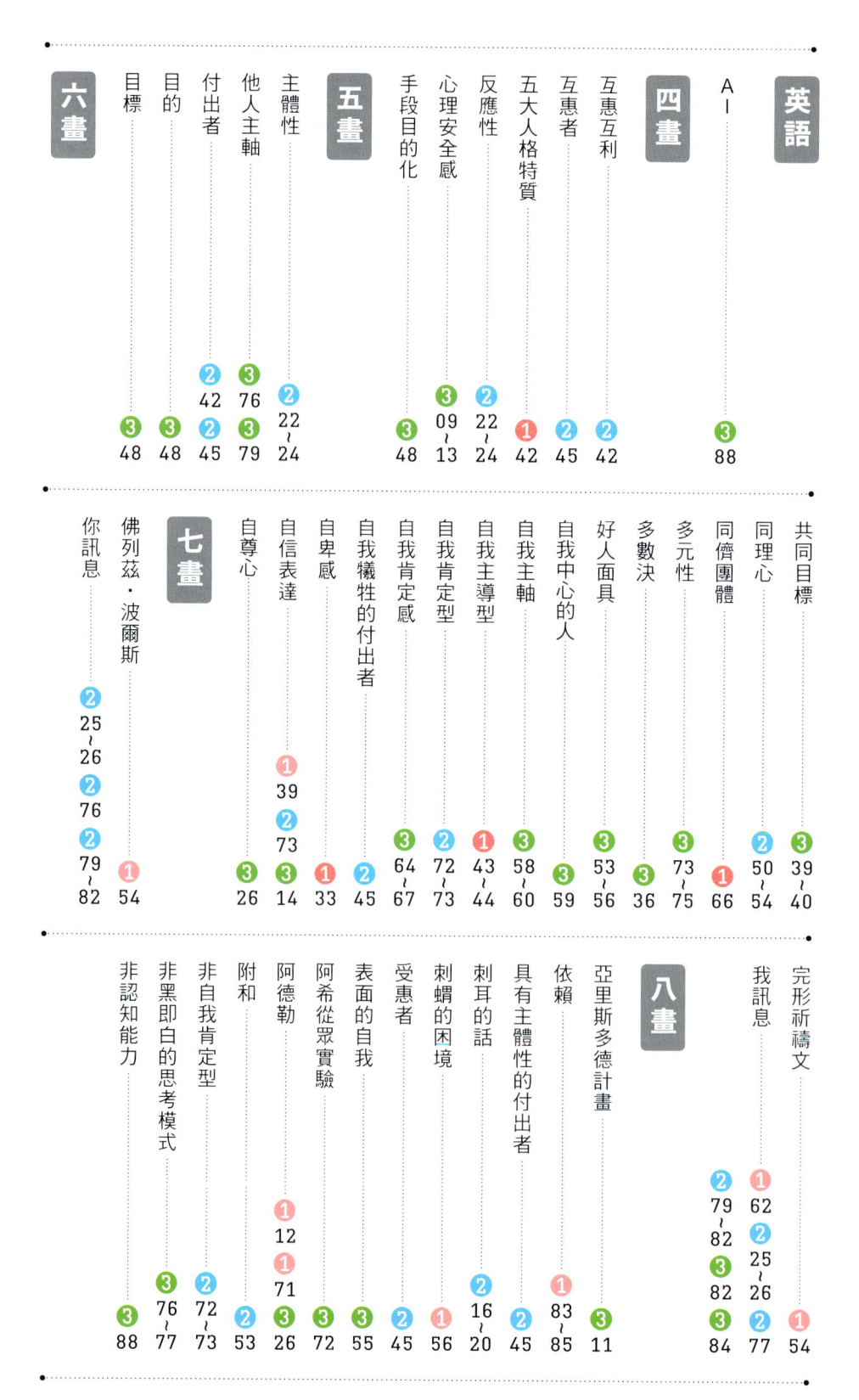

英語
- AI ③ 88

四畫
- 互惠者 ② 45
- 互惠互利 ② 45
- 五大人格特質 ② 22~24
- 反應性 ① 42
- 心理安全感 ③ 09~13
- 手段目的化 ③ 48

五畫
- 主體性 ② 22~24
- 他人主軸 ③ 79
- 付出者 ② 42,45

六畫
- 目的 ③ 48
- 目標 ③ 48

七畫
- 佛列茲・波爾斯 ① 54
- 你訊息 ② 25~26, ② 76, ② 79~82
- 自尊心 ③ 26
- 自信表達 ② 73
- 自卑感 ① 39
- 自我犧牲的付出者 ② 45
- 自我肯定感 ① 33
- 自我肯定型 ③ 64~67
- 自我主導型 ③ 72~73
- 自我主軸 ① 43~44
- 自我中心的人 ③ 58~60
- 好人面具 ③ 53~56
- 多數決 ③ 36
- 多元性 ③ 73~75
- 同儕團體 ① 66
- 同理心 ② 50~54
- 共同目標 ③ 39~40

八畫
- 亞里斯多德計畫 ③ 11
- 依賴 ① 83~85
- 具有主體性的付出者 ② 45
- 刺耳的話 ① 56
- 刺蝟的困境 ② 16~20
- 受惠者 ② 45
- 表面的自我 ③ 55
- 阿希從眾實驗 ③ 72
- 阿德勒 ③ 26
- 附和 ① 71
- 非自我肯定型 ② 53, ② 72~73
- 非黑即白的思考模式 ③ 76~77
- 非認知能力 ③ 88
- 完形祈禱文 ① 54
- 我訊息 ② 77, ② 25~26, ③ 82, ③ 84
- （我訊息）① 62

九畫

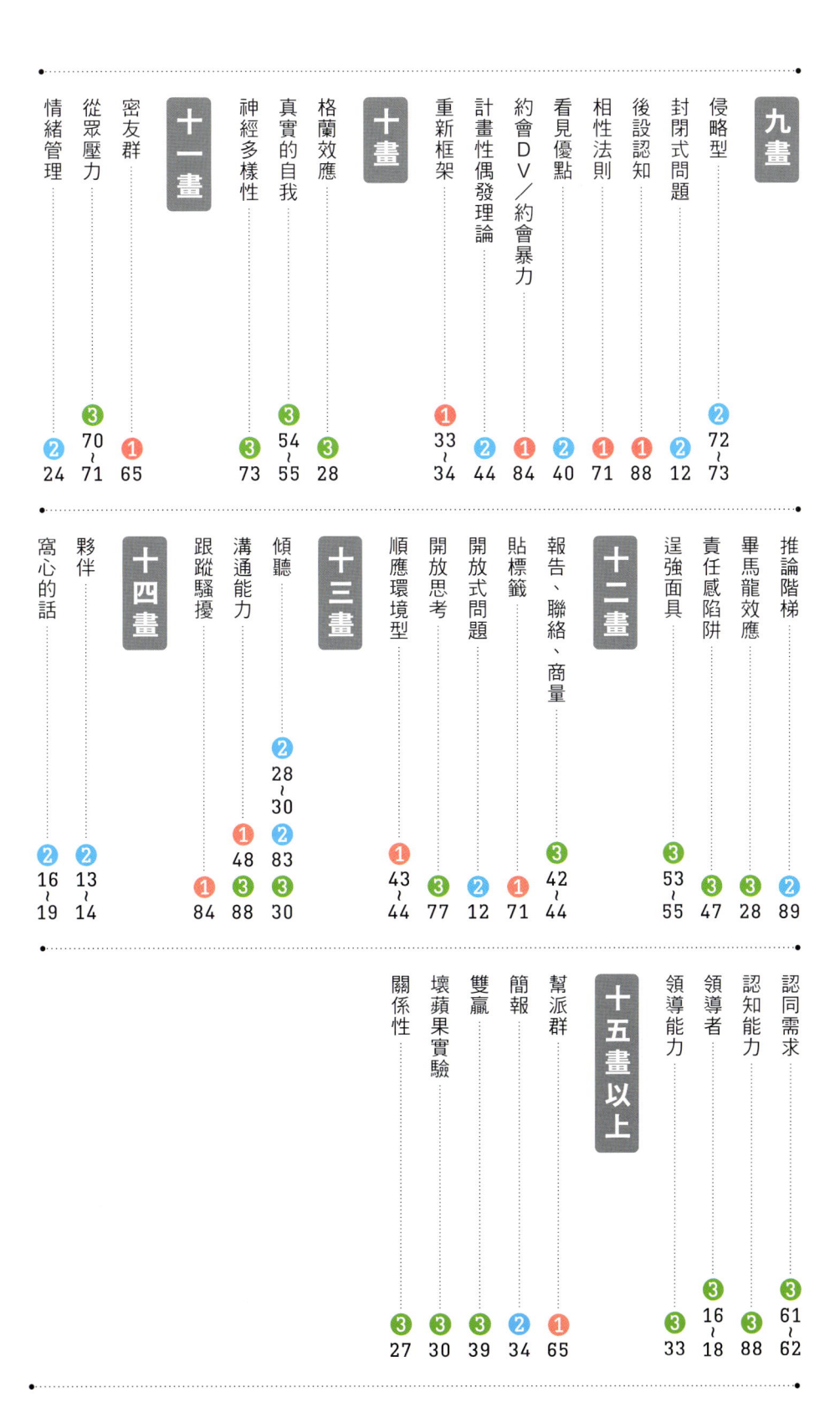

詞條	標記	頁碼
侵略型	②	72~73
封閉式問題	①	12
後設認知	①	88
相性法則	①	71
看見優點	①	40
約會DV／約會暴力	①	84
計畫性偶發理論	②	44
重新框架	①	33~34

十畫

詞條	標記	頁碼
格蘭效應	③	28
真實的自我	③	54~55
神經多樣性	③	73
密友群	①	65
從眾壓力	③	70~71
情緒管理	②	24

十一畫

十二畫

詞條	標記	頁碼
推論階梯	②	89
畢馬龍效應	③	28
責任感陷阱	③	47
逞強面具	③	53~55
報告、聯絡、商量	③	42~44
貼標籤	①	71
開放式問題	②	12
開放思考	③	77
順應環境型	①	43~44

十三畫

詞條	標記	頁碼
傾聽	②	28~30
	②	83
	③	30
溝通能力	①	48
	③	88
跟蹤騷擾	①	84
夥伴	②	13~14
窩心的話	②	16~19

十四畫

十五畫以上

詞條	標記	頁碼
認同需求	③	61~62
認知能力	③	88
領導者	③	16~18
領導能力	③	33
幫派群	①	65
簡報	②	34
雙贏	③	39
壞蘋果實驗	③	30
關係性	③	27

在長大路上，真正理解自己與他人

第 ① 集：學習自我情緒覺察——可以不跟別人一樣嗎？

監　　修	齊藤徹	Saito Tooru
譯　　者	何姵儀	Peiyi Ho
責任編輯	楊玲宜	Erin Yang
責任行銷	朱韻淑	Vina Ju
封面裝幀	李涵硯	Han Yen Li
版面構成	譚思敏	Emma Tan
發 行 人	林隆奮	Frank Lin
社　　長	蘇國林	Green Su
總 編 輯	葉怡慧	Carol Yeh
日文主編	許世璇	Kylie Hsu
行銷經理	朱韻淑	Vina Ju
業務處長	吳宗庭	Tim Wu
業務主任	鍾依娟	Irina Chung
	林裴瑤	Sandy Lin
業務秘書	陳曉琪	Angel Chen
	莊皓雯	Gia Chuang

發行公司	悅知文化 精誠資訊股份有限公司
地　　址	105 台北市松山區復興北路 99 號 12 樓
專　　線	(02) 2719-8811
傳　　真	(02) 2719-7980
悅知網址	http://www.delightpress.com.tw
客服信箱	cs@delightpress.com.tw
I S B N	978-626-7721-11-7
初版一刷	2025 年 09 月
建議售價	新台幣 350 元

本書若有缺頁、破損或裝訂錯誤，請寄回更換
Printed in Taiwan

國家圖書館出版品預行編目 (CIP) 資料

在長大路上，真正理解自己與他人. 1, 學習自我情緒察覺，可以不跟別人一樣嗎?/ 齊藤徹監修；何姵儀譯. -- 初版. -- 臺北市 : 悅知文化精誠資訊股份有限公司, 2025.09
　　面；　公分

ISBN 978-626-7721-11-7(平裝)

1.CST: 人際關係 2.CST: 社會心理學 3.CST: 青少年教育 4.CST: 通俗作品

541.76　　　　　　　　　　　　　114007305

著作權聲明

本書之封面、內文、編排等著作權或其他智慧財產權均歸精誠資訊股份有限公司所有或授權精誠資訊股份有限公司為合法之權利使用人，未經書面授權同意，不得以任何形式轉載、複製、引用於任何平面或電子網路。

商標聲明

書中所引用之商標及產品名稱分屬於其合法註冊公司所有，使用者未取得書面許可，不得以任何形式予以變更、重製、出版、轉載、散佈或傳播，違者依法追究責任。

版權所有　翻印必究

漫　　畫	AiLeeN	
內文插畫	前田真由美（株式会社 hint）	
	渡辺奈緒（株式会社 hint）	

10dai no Tameno Issyou Yakudatsu Communication
1 Jibun to Tasya wo Rikaisuru © Gakken
First published in Japan 2024 by Gakken Inc., Tokyo
Traditional Chinese translation rights arranged with Gakken Inc. through Future View Technology Ltd.